AF388692

BIBLIOTHÈQUE MORALE

DE

LA JEUNESSE

—

2ᵉ SÉRIE IN-8°

Bivouac.

RÉCITS

DU

BIVOUAC

PAR

François BENN

AVEC GRAVURES DANS LE TEXTE

ROUEN

MÉGARD ET Cⁱᵉ, IMPRIMEURS-ÉDITEURS

Rue Saint-Hilaire, 136

Propriété des Éditeurs

Mégard et Cie

98

RÉCITS DU BIVOUAC

Le *bivouac !* Nombreux sont les souvenirs que ce seul mot évoque dans la mémoire des anciens soldats : *Souvenirs gais ou tristes*, suivant les circonstances, mais pourtant plus généralement agréables. Le bivouac, en effet, c'est le repos après une marche fatigante, après une lutte meurtrière, aussi bien que la réunion paisible autour de la soupe des gais troupiers, à la suite des exercices et des manœuvres d'instruction en temps de paix.

C'est là que, chacun s'étant le plus commodément installé pour passer en plein air les instants de repos dont il est permis de jouir, c'est là que les vieux soldats racontent aux plus jeunes les campagnes qu'ils ont déjà faites, les combats auxquels ils ont assisté.

Et les jeunes sont tout oreilles, je vous assure, remplis d'admiration pour leurs aînés, pour ces vaillants qui ont déjà vu le feu, qui se sont glorieusement battus pour la patrie ; et, en les écoutant, ils éprouvent un frémissement d'enthousiasme et brûlent du désir de défendre, eux aussi, le drapeau de la France.

Ah ! s'il était possible de grouper et de réunir en un volume la plupart des récits des divers bivouacs de nos armées en campagne depuis le commencement du siècle, combien de magnifiques faits d'armes, combien de traits d'héroïsme trouveraient avec honneur leur place dans un semblable livre, alors que beaucoup d'eux demeurent, hélas ! oubliés des générations nouvelles depuis que les *anciens* ne sont plus là pour en rappeler le souvenir !

Sans vouloir remonter jusqu'au temps héroïque de la première République et de l'Empire où nos armées parcoururent l'Europe en tout sens, nos soldats, depuis plus de soixante ans, eurent à dresser leurs tentes et à organiser leurs bivouacs sur bien des points du monde. Après les deux courtes expéditions d'Espagne et de Grèce, ce fut, pendant plus de vingt ans, la conquête de l'Algérie avec ses luttes incessantes, ses escarmouches continuelles, ses alertes sans cesse renouvelées ; puis, survinrent la guerre d'Orient et le long siège de Sébastopol, celle d'Italie, les expéditions de Chine et du Mexique, et, hélas ! nos désastres de l'année terrible.

— Là, partout, sur tous ces champs de bataille disséminés dans des contrées bien différentes, même et surtout lors de nos défaites alors que nous avions à combattre un ennemi organisé de longue date et bien supérieur en nombre, partout les traits d'héroïsme de nos vaillants soldats furent nombreux, et leurs actions d'éclat ne cessèrent d'alimenter les causeries des bivouacs, aussi bien sous le ciel ardent de l'Amérique du Sud et auprès des pagodes chinoises que dans les oasis et les défilés de l'Afrique et les plaines de la Crimée et de la Lombardie.

Certes, dans ces bivouacs installés parfois à deux pas de l'ennemi, auprès du feu où mijotait doucement la marmite de soupe ou de café, il y eut d'innombrables causeries, il fut fait une quantité considérable de récits qui, s'il avait été possible de les recueillir, offriraient le plus grand intérêt et charmeraient bien des lecteurs.

Malheureusement, en campagne, les conteurs des bivouacs n'ont point à leur disposition des sténographes pour recueillir leurs paroles et conserver leurs récits.

Aussi, n'est-ce point dans l'un des bivouacs de nos armées en campagne qu'ont été faits les récits que nous réunissons aujourd'hui en volume dans le désir et l'espoir d'être agréable à nos jeunes lecteurs. Ce n'est même point dans un de ceux autour desquels, en temps de paix, pendant les grandes manœuvres, s'installent gaiement le soir les jeunes soldats qui, avec un patriotique entrain, ont pris part à tous les exercices de la journée.

— Mais alors, de quel bivouac est-il donc question ici? se dit déjà, j'en suis certain, plus d'un de mes lecteurs.

— Un peu de patience, mes jeunes amis, vous allez le savoir. Je vais bientôt vous faire connaître ce bivouac extraordinaire qui vous intrigue à juste titre, je le reconnais.

Figurez-vous que, dans une jolie petite ville, où j'ai eu récemment l'occasion de passer plusieurs semaines fort agréables, j'ai fait la connaissance de plusieurs anciens militaires de nos armées, officiers et sous-officiers retraités, qui ont pris l'habitude de se réunir chaque après-midi, quand le temps le permet, dans un petit coin bien ombragé d'une belle promenade que possède la ville en question. L'endroit est fort bien situé, en demi-cercle sur le versant est d'un petit coteau qui protège les promeneurs contre les vents du nord et de l'ouest et qui reçoit tout le jour la douce chaleur du soleil en hiver, au printemps et en automne.

Pendant l'été, la frondaison touffue des vieux arbres qui ombragent ce charmant endroit en rend le séjour également agréable. Là, sont disposés des bancs et des sièges rustiques sur lesquels prennent place les vieux braves, qui, en souvenir de leurs campagnes d'autrefois, ont donné le nom de *bivouac* au lieu de leur réunion quotidienne.

Voilà donc de quel bivouac il s'agit dans ce livre : c'est là que j'ai entendu, entre autres, les récits qui le composent, récits qui m'ont vivement intéressé, car ils se rapportent aux principaux événements militaires de notre histoire contemporaine et ils étaient faits la plupart du temps par de vaillants et héroïques survivants des batailles et des combats où notre drapeau figura si souvent avec gloire et toujours avec honneur, même aux sombres jours de l'année terrible. Je suis persuadé qu'ils intéresseront également mes jeunes lecteurs, ces futurs défenseurs de la France, qui auront peut-être, eux aussi, un jour à soutenir l'honneur du drapeau et à défendre l'intégrité du territoire de la patrie.

PREMIÈRE PARTIE

I.

François Thurot.

(1744-1760.)

— Eh bien ! les braves, dit ce jour-là un
survenant qui se campa en riant en face des vieux
soldats installés à l'ombre des arbres de la promenade, je parie qu'aucun de vous n'a connu un
nommé François Thurot, qui cependant fut un
brave à trois poils et qui a joliment fait parler de
lui dans le monde dans son temps.

Celui qui parlait ainsi, M. Dubois, était un gros
commerçant de la ville, ami de la plupart des
assistants. Il tenait à la main un journal qu'il
montrait triomphalement.

— Non, monsieur Dubois, lui répondit un sergent de la guerre de Crimée; de mon temps, le nommé François Thurot était inconnu au bataillon.

— Dans quel régiment a-t-il servi? demanda alors un retraité de la guerre d'Italie.

— Dans aucun de ceux que vous avez pu connaître, messieurs, répondit M. Dubois, car il vivait au siècle dernier et s'est illustré par ses actions d'éclat dans la marine.

— Alors, il n'est pas bien extraordinaire que nous ne l'ayons point connu, dirent en riant les assistants.

— Mais, ajouta l'un d'eux, puisque vous savez ce qu'il a fait, racontez-nous les prouesses de ce brave marin. Marins et fantassins se battent également pour la France, et les braves sont toujours les braves, aussi bien sur eau que sur terre, n'est-ce pas, les amis?

— Certainement! certainement! Les braves ne sont pas plus rares dans la marine que dans l'armée de terre.

— Je ne vous raconterai point, messieurs, la vie glorieuse de ce brave marin, reprit M. Dubois, mais je vais vous lire tout ce qu'en dit le *Petit Journal* (janvier 1895), et, après cette lecture, vous en saurez autant que moi sur son compte.

— C'est bien ! monsieur Dubois, lisez-nous cet article.

Et M. Dubois lut ce qui suit :

« C'est à M. Fournier, rédacteur d'un journal de la Côte-d'Or, que nous devons de connaître la vie d'un héroïque enfant de Nuits, auquel, après un oubli de plus d'un siècle, on songe aujourd'hui à élever une statue dans sa ville natale.

« François Thurot, c'est le nom du héros, naquit le 21 juillet 1727, à Nuits, en Bourgogne. Il était le huitième enfant de François Thurot, maître d'hôtel, et de Michelle Chaumonel. Après avoir été placé pendant quelques années chez les Jésuites de Dijon pour y faire ses études, il entra en 1743 chez un maître chirurgien de cette ville, nommé Lardillon, qu'il dut quitter peu de temps après à la suite d'une faute qu'il devait largement racheter plus tard.

« Forcé de partir de Dijon pour échapper à des poursuites judiciaires, Thurot se rendit à Calais, où la vue de la mer le plongea dans une surprise et une admiration profondes.

« Quelques jours après, il s'engageait dans l'équipage d'un corsaire armé contre l'Angleterre, avec laquelle la France était alors en guerre.

« Thurot, qui n'avait que dix-sept ans, eut beaucoup à souffrir pendant cette première cam-

pagne, qui se termina d'une façon désastreuse
pour lui. Son navire ayant été enlevé par les
Anglais, il fut conduit prisonnier à Douvres.

« Notre jeune aventurier profita de sa captivité
pour apprendre la langue de ses ennemis. Un beau
jour, avec une hardiesse extraordinaire, il s'évada
seul sur une barque et traversa le Pas-de-Calais.
Cette action courageuse attira sur lui l'attention du
maréchal de Belle-Isle, qui le mit à même d'apprendre le métier de marin.

« Successivement mousse, matelot, pilote et
capitaine dans la marine marchande, Thurot devint
bientôt un des corsaires les plus redoutés de
l'Angleterre.

« Sa brillante expédition, au début de la guerre
de Sept Ans, lui valut d'entrer dans la marine
royale, où on lui donna le commandement de la
corvette la *Friponne*. Quelques mois plus tard il
avait capturé soixante navires anglais.

« En 1757, le maréchal de Belle-Isle fit confier
à Thurot le commandement d'une division, à la
tête de laquelle il se couvrit de gloire et balaya
toute la mer du Nord. L'année suivante, il battait
quatre navires anglais, mettait en déroute une
flotte de dix-sept pirogues armées en guerre et
rentrait triomphalement à Dunkerque.

« A ce moment, il se rendit à Versailles, où il

reçut de Louis XV le meilleur accueil. Il proposa alors au roi de faire une descente sur les côtes de la Grande-Bretagne, et sa proposition fut acceptée.

« Le 15 octobre 1759, Thurot, à la tête d'une escadre composée de cinq frégates et d'une corvette, avec un corps de quinze cents hommes commandé par M. de Flobert, brigadier d'infanterie, quitta Dunkerque pour se diriger sur l'Irlande. Mais la division ne tarda pas à se mettre entre Thurot et M. de Flobert. Le manque de vivres, la disparition de la frégate *Bégon,* et la nouvelle de la défaite de l'armée navale, commandée par le maréchal de Conflans, découragèrent les troupes.

« Les officiers de l'escadre, réunis en conseil, proposent de retourner en France, mais Thurot résiste et déclare qu'on opérera quand même le débarquement. Longtemps les vents s'y opposent et une autre frégate, l'*Amaranthe,* abandonne l'escadre. Mais on arrive enfin devant le petit village de Kilrooth, et les troupes sont débarquées.

« M. de Flobert, à la tête de la première division, s'empare, après une courte résistance, de la ville de Carrick-Fergus. Thurot, qui venait de jeter l'ancre près de White-House, lui envoie un officier pour l'engager à brusquer l'attaque de Belfast, ville peu défendue et où l'on avait transféré les prisonniers français. M. de Flobert s'y refuse obstinément. La prise de ces deux places devait être l'affaire d'un coup de main, pour ne pas donner l'éveil à la marine anglaise. Les pour-parlers, les lenteurs, la mauvaise volonté du commandant du détachement perdirent Thurot.

« Il dut reprendre la mer, et, deux jours après avoir levé l'ancre, il trouvait en face de lui trois navires anglais bien supérieurs aux siens. Il donne aussitôt le signe de ralliement ; mais deux de ses frégates font semblant de ne pas comprendre, continuent leur route, et il reste avec son seul navire, le *Belle-Isle*, en présence de la flotte ennemie.

« La lutte fut glorieuse pour lui, mais inutile. Au bout de deux heures de combat, le *Belle-Isle*, criblé par les boulets anglais, avait cinq pieds d'eau dans sa cale, ses mâts brisés, quatre-vingt-dix hommes hors de combat, et les munitions étaient sur le point de manquer.

« Cependant, Thurot ne veut pas se rendre ; il ordonne de tirer encore une bordée, mais, au même moment, la balle d'un pierrier le frappe dans le creux de l'estomac et l'étend raide mort.

« Le feu cessa aussitôt de part et d'autre. Le *Belle-Isle* se rendit, mais l'équipage ne voulut pas que le corps de son chef tombât aux mains des Anglais ; il le jeta à la mer.

« Ainsi mourut, le 28 février 1760, Thurot, qui avait à peine trente-trois ans.

« Sa fin glorieuse fut apprise avec un soulagement immense en Angleterre et excita en France d'unanimes regrets. En 1792, la ville de Nuits songea à élever une statue à son héroïque enfant, mais le moment était mal choisi, et le projet fut abandonné.

« Bientôt le souvenir de Thurot fut lui-même oublié, et son nom est aujourd'hui presque inconnu. Il n'en sera plus de même demain, grâce au *Petit Journal*, et nous serons heureux si, en racontant la vie du héros nuiton, nous avons pu aider à l'érection de la statue qu'il a si bien méritée. »

— Voilà, messieurs, ce qu'a fait François Thurot, dit M. Dubois en repliant son journal ; et il me semble que la statue qu'on lui prépare est bien méritée.

— Certes oui, répondit un vieux capitaine. Ce n'était pas un clampin, celui-là, et ce récit nous prouve une fois de plus qu'il y a toujours eu des braves en France, aussi bien autrefois qu'aujourd'hui.

II.

Le dernier survivant de Trafalgar.

Comme le vieux capitaine achevait de formuler
la fort juste assertion qui termine le précédent
chapitre, un ancien quartier-maître de la marine,
qui se trouvait présent, prit à son tour la parole.

— Je vous remercie, monsieur Dubois, dit-il,
de nous avoir fait connaître la vie glorieuse d'un
valeureux marin ; je vous en remercie d'autant plus
que, comme ancien marin, je suis toujours disposé
à être fier des actions d'éclat accomplies par ceux
qui, comme moi, ont *bourlingué* sur les vaisseaux
de l'État. C'est pourquoi, si ces messieurs le
permettent, demain, j'apporterai à mon tour un

journal dans lequel on rappelle l'héroïque conduite des nôtres à la bataille navale de Trafalgar (21 octobre 1805), bataille dans laquelle l'amiral anglais Nelson trouva la mort, et cela à l'occasion de la centième année du dernier des survivants de cette terrible rencontre sur mer qui fut pour nous une glorieuse défaite.

— Bien volontiers, répondirent les assistants.

— Et je vous promets de revenir demain au *bivouac*, dit en outre M. Dubois, afin d'être l'un de vos auditeurs.

— Alors, à demain, messieurs.

Le lendemain, dès que chacun fut arrivé, le quartier-maître commença par dire que le dernier survivant du mémorable combat de Trafalgar était un vieillard encore vert, malgré son grand âge, appelé Cartigny, qui demeurait à Hyères, près de Toulon, et qui avait eu cent ans le 1er septembre 1891. Puis, il lut ce qui suit :

« Louis-André-Marius Cartigny, fils de Joseph-Marie Cartigny et de Magdelaine-Théotiste Blanc, est né à Hyères le 1er septembre 1791. Il s'embarqua en 1803 à bord du *Redoutable*, fut blessé au genou pendant la bataille de Trafalgar, fut fait prisonnier et passa dix ans sur les pontons anglais.

Ce vieux brave est le doyen d'âge des chevaliers

de la Légion d'honneur ; il habite Hyères, il est toujours très robuste et n'a encore aucune infirmité, malgré les nombreuses blessures qu'il a reçues ; il sort tous les jours, on le rencontre le plus souvent sur la promenade des Palmiers.

« Ces jours derniers, je me suis rendu à Hyères pour revoir ce vénérable centenaire ; j'ai retrouvé le dernier survivant de l'équipage du vaisseau le *Redoutable* en parfaite santé et en possession de la plénitude de ses facultés : il faisait sa promenade habituelle.

« — Eh bien ! père Cartigny, lui dis-je en le saluant, je viens de nouveau causer un instant avec vous du terrible combat de Trafalgar auquel vous avez assisté.

« Le vieillard me regarda en souriant, puis répondit :

Ah ! monsieur, rien ne peut m'être plus agréable que de m'entretenir de tous les émouvants détails de cette sanglante affaire et du combat particulier du vaisseau le *Redoutable* ; parlons encore de ce combat et du brave commandant Lucas.

« Nous nous mîmes alors à rappeler cette bataille célèbre.

« Le vaisseau anglais le *Victory*, armé de cent dix canons, et dont l'équipage se composait de douze cents hommes d'élite, puisqu'il portait le

Combat du *Redoutable* et du *Victory*.

pavillon de l'amiral Nelson, commandant en chef, avait été réduit au silence et allait être enlevé à l'abordage par le *Redoutable* sans l'intervention des vaisseaux le *Téméraire* et le *Tonnant*.

« Cependant le *Redoutable* n'avait que soixante-quatorze canons et six cent quarante-trois hommes d'équipage, et n'était commandé que par un capitaine de vaisseau, mais, ce capitaine de vaisseau était un héros, et comme l'héroïsme est contagieux en France, le commandant Lucas était parvenu à faire de chaque homme de son équipage un héros comme lui ; aussi, sur six cent quarante-trois hommes d'équipage, cinq cent vingt-deux furent mis hors de combat, dont trois cents tués et deux cent vingt-deux blessés, parmi lesquels presque tout l'état-major.

« Le commandant Lucas, blessé au milieu de ses braves, entouré de débris de toute sorte, resta inébranlable dans l'accomplissement de ses devoirs de capitaine.

« Ce n'est que lorsqu'il eut la conviction que le *Redoutable* ne pouvait manquer de couler bas, qu'il écouta la voix de l'humanité qui lui commandait de faire cesser ce combat meurtrier, et de conserver au pays ce qui restait des hommes intrépides de son équipage. C'est seulement alors qu'il ordonna d'amener son pavillon ; mais à ce

moment le mât d'artimon, qui le portait, croula
avec lui.

« Le père Cartigny ajouta : « L'amiral Nelson
périt sous les coups des braves du *Redoutable* : la
balle qui l'atteignit sur la dunette du *Victory* était
partie des haubans du *Redoutable*. »

« Au moment où j'allais me séparer du vieux
brave Cartigny, il m'étreignit sur son cœur et d'une
voix émue me dit :

« — Dieu m'a fait une grande grâce en m'ac-
cordant une longue vieillesse ; s'il a prolongé
jusqu'à ce jour mon existence, c'est sans doute
pour affirmer de plus en plus la gloire de mes
compagnons d'armes à Trafalgar ; de temps à autre,
je reçois des visites de personnes qui m'interrogent
sur ce combat mémorable et me parlent du commandant Lucas en rendant hommage à sa bravoure,
à son intrépidité, ainsi qu'à celles de ses officiers
et de son équipage ; alors, je reporte ces louanges
vers eux, cela me fait un grand bien. C'est
ainsi qu'en ce moment ma pensée s'envole
vers mes regrettés frères d'armes, dont le souvenir sera impérissable, la France n'oubliant
jamais ses enfants, surtout lorsqu'ils ont,
comme ceux du *Redoutable*, fait le sacrifice de
leur vie pour maintenir intact l'honneur de son
drapeau. »

Voilà ce que le quartier-maître fit connaître ce jour-là à ses auditeurs du *bivouac* sur le compte du dernier survivant du combat de Trafalgar, encore vivant et plein de santé au moment où il atteignit ses cent ans, mais mort deux ans plus tard.

Aux renseignements qui précèdent au sujet de ce vieux brave, ajoutons-en un autre digne, lui aussi, d'être mentionné :

« Le 1er septembre 1891, centième anniversaire de sa naissance, M. Cartigny adressa au czar le télégramme suivant :

> « A Sa Majesté l'empereur de Russie,
> « Copenhague.

> « Louis Cartigny, chevalier de la Légion d'hon-
> « neur, dernier survivant du combat de Trafalgar,
> « accomplit aujourd'hui sa centième année. Si
> « près de Dieu, il envoie sa bénédiction au czar
> « magnanime et à son auguste famille, et salue
> « l'aurore d'une amitié éternelle entre la Russie
> « et la France.

> « CARTIGNY. »

« Sa Majesté l'empereur de Russie répondit en faisant adresser au vieux brave le télégramme suivant, daté de Saint-Pétersbourg, 12 septembre :

« Monsieur Louis Carfigny,

« Très touché des sentiments exprimés par le
« brave survivant du combat de Trafalgar, l'em-
« pereur me charge de lui faire parvenir ses
« sincères remerciements pour le télégramme
« adressé à Sa Majesté à Copenhague.

« GIERS. »

III.

Le 3ᵉ zouaves à Palestro.

(30 mai 1859.)

Celui qui prit la parole ce jour-là était un ancien sergent-major des zouaves, qui avait passé une quinzaine d'années au régiment et qui vivait maintenant retiré à quelques kilomètres de la ville, à laquelle il venait de temps en temps, soit pour toucher les quartiers de sa pension, soit pour rendre visite à de vieux militaires comme lui, avec qui il entretenait des relations suivies. Ce fut la part glorieuse prise par le 3ᵉ zouaves au combat de Palestro, le 30 mai 1859, au début de la campagne d'Italie, qui fit le sujet de sa causerie.

On sait que les campagnes d'Afrique avaient

déjà porté très haut la renommée des zouaves, lorsque les guerres de Crimée et d'Italie vinrent donner un relief encore plus considérable à leur vaillance indomptable. Dans les combats de cette dernière campagne, ils se signalèrent constamment par les plus brillants faits d'armes, notamment à Palestro. Mais, avant de rapporter ici l'intéressante causerie du narrateur du bivouac, rappelons en quelques mots quelle fut l'origine du nom de *zouaves* qui leur est attribué.

La voix populaire désigne familièrement sous le nom de *zouzous* les incomparables zouaves. Ils se le donnent eux-mêmes, ou tout au moins l'acceptent volontiers et de bonne grâce. Leur dénomination dérive de la tribu Kabyle des Zouaoua, grands guerriers, grands fabricateurs de poudre, et qui passaient pour la meilleure infanterie de la Régence. Ce fut ce qui donna l'idée, lorsque le général Clauzel, devenu depuis maréchal, forma les deux premiers bataillons de cette héroïque milice, aux ordres des commandants Maumet et Duvivier, de la baptiser du nom de zouaves. On sait comment ils égalèrent du premier coup ces fameux fantassins berbères, et eurent bientôt fait ensuite d'éclipser et de dépasser leurs parrains.

Maintenant, laissons la parole au vieux sergent-major du 3ᵉ zouaves, qui raconta de la façon suivante ses souvenirs sur le combat de Palestro :

— Vous savez, messieurs, dit-il, que le 3ᵉ zouaves s'immortalisa véritablement par son héroïsme à Palestro. Je me souviens encore de la façon originale dont l'un de mes camarades, dans cette brillante affaire, racontait le surlendemain toutes les péripéties de la lutte. D'après lui, les choses s'étaient passées le plus simplement du monde, et pourtant la journée fut rude et des plus meurtrières.

« Donc, racontait mon imperturbable camarade, nous étions bien tranquillement devant un ruisseau, voilà que cinq ou six cavaliers se font voir sur une hauteur ; on se dit que, bien sûr, ce sont des hussards ennemis qui nous regardent, et on s'apprête à parler à ces curieux, histoire de causer. Mais voilà que tout à coup, et sans crier gare, un paquet de boulets nous arrive accompagné d'une grêle de balles. Les coquins avaient mis des canons sur la colline, et leurs tirailleurs du diable dans les blés où l'on n'y voyait goutte. Pendant qu'on se regarde, voilà que la mitraille se mêle à la conversation. Le colonel voit d'où le coup part par la fumée. Les officiers se tournent vers nous : « Eh ! zouaves ? crient-ils, aux canons ! » Nous sautons tous dans le ruisseau. Mais on avait de

l'eau jusqu'aux coudes, et voilà que nos sacs à
cartouches prennent un bain ; plus moyen de tirer
un pauvre coup de fusil. Il y avait bien trois cents
mètres à parcourir des batteries au ruisseau. Ah!
ils sont bientôt franchis au pas gymnastique!
Dame ! on tombait un peu. La mitraille fauchait
l'herbe autour du fantassin. En un clin d'œil on
est en haut, et on tape, on cogne, on embroche.
Un obus tombe, et cinq camarades qui étaient avec
moi sautent en l'air. Moi, j'avais le bras ouvert,
mais les canons étaient à nous. »

Au commencement de l'affaire, la brigade
Trochu avait été désignée pour marcher en avant.
Les zouaves, indignés, regardaient leurs camarades de la ligne s'éloigner, et criaient tout bas à
l'injustice.

« Tout pour eux, rien pour nous.... Pas de
chance ! » murmurait un sergent.

Le brave sous-officier se trompait; il y en eut
pour tout le monde, et principalement pour les
zouaves.

Les zouaves se faisaient remarquer entre tous
par leur façon originale de marcher au-devant des
Autrichiens. Ils portaient sur leurs sacs des quartiers d'agneau, d'énormes morceaux de viande
crue ficelée, des salades, des choux et des légumes
de toute espèce : sur l'épaule de l'un deux se tenait

perché un vieux coq attaché au sac par la patte, pour plus de précaution.

« — Le 3ᵉ de zouaves a beaucoup perdu ? — demandait un journaliste français à un officier d'état-major ; — on parle de cinq cents hommes hors de combat.

« — Cinq cents hommes au 3ᵉ de zouaves ? Allons donc ! Le régiment a deux mille cinq cents hommes ; le colonel fera, ce soir, l'appel, et il en trouvera deux mille huit cents !... Ils repoussent !.... »

Ils repoussaient en effet, car de tous les autres régiments affluaient des sollicitations pour obtenir l'honneur de faire partie des zouaves. De cette façon les vides du régiment étaient vite comblés.

Dans l'assaut donné à l'artillerie autrichienne, treize zouaves s'étaient emparés d'un canon. A l'exception d'un caporal, tous les autres étaient blessés, et ils n'avaient pas de chevaux pour le faire transporter. Alors, un d'entre eux, couvert du sang qui sortait de ses blessures, s'écria gaiement :

« — Allons ! mes amis, j'ai trouvé les chevaux. »

Et, montrant les Autrichiens qu'ils avaient faits prisonniers, il alla vite en chercher douze avec ses camarades ; puis, les ayant attachés à l'affût du

canon, ce furent ces malheureux prisonniers qui
le traînèrent jusqu'à Palestro.

« Celui qui a eu le plus de succès, écrivait un
officier du 3ᵉ zouaves, c'est un zouave de ma
compagnie, qui, prié de dire ce qu'il a vu et ce
qu'il a fait, orne sa narration animée par des
gestes plus animés encore. Il aura beau faire, mon
brave compagnon d'armes, il restera au-dessous
de la vérité; je l'ai vu à l'œuvre pendant tout le
temps du combat, depuis midi jusqu'à sept heures
et demie du soir ; il ne m'a pas quitté, et je puis
dire que pas un dans l'armée ne s'est battu comme
lui.

« D'une agilité extrême, il est d'une adresse et
d'une force peu communes ; il était beau à voir
dans les mémorables sorties que nous avons faites
de la redoute en terre que nous avions enlevée
au début de la journée : après une course folle à
l'ennemi, il se plante fièrement sur ses jarrets, en
s'effaçant comme dans une salle d'armes, avec la
différence qu'il porte le pied gauche en avant.

« Sa main gauche, toujours libre, à la hauteur
de la poitrine, pare les coups qu'on lui porte ; de
sa main droite il tient son fusil comme on prend
une lance, et à chaque instant part un éclair de
l'extrémité de son fusil : c'est sa baïonnette qui
disparaît dans la poitrine d'un ennemi. Il aurait

pu trente fois essuyer sa baïonnette, mais le temps manquait ; les coups succédaient aux coups avec une rapidité prodigieuse.

« Par moments, quand les bataillons ennemis nous cernaient de toutes parts, mon brave compagnon, sans doute pour se reposer la main, faisait décrire à son fusil, qu'il prenait par la baïonnette sanglante, un moulinet terrible sous lequel tout tombait. »

Toujours dans cette sanglante mêlée du 31 mai, à Palestro, un autre zouave reçoit au visage un coup de baïonnette mal assuré qui lui déchire la joue.

« Imbécile ! dit-il à l'Autrichien, est-ce comme ça qu'on lance un coup de baïonnette?... Tiens! voilà comment ça se pratique. »

Et il enfonça jusqu'à la garde son arme terrible dans le corps de son adversaire.

Le lendemain du combat de Palestro, les zouaves enterrèrent ceux de leurs camarades qui avaient succombé. Une vaste fosse, creusée sur une petite éminence, reçut leurs restes mortels; puis, lorsque tous les corps furent recouverts par la terre, tous les assistants s'agenouillèrent. Après une courte prière, ils dirent d'une voix émue et avec l'expression d'un profond sentiment religieux, adieu à leurs frères d'armes.

« Camarades, s'écria un sergent, que Dieu vous reçoive ! A vous aujourd'hui, à nous demain ! »

Après ces simples et touchantes paroles, tous s'éloignèrent pour rentrer dans leurs cantonnements.

Pendant toute la durée du combat de Palestro, le roi Victor-Emmanuel ne cessa pas un instant de faire preuve du plus grand courage ; il se tint constamment au premier rang, comme un simple sous-lieutenant de cavalerie, dirigeant le combat et se battant en même temps. Les braves soldats du 3ᵉ zouaves, régiment que l'empereur avait mis sous les ordres de Victor-Emmanuel, enchantés de la valeur chevaleresque du monarque piémontais, ne crurent pouvoir lui faire de plus grand honneur que de le nommer *caporal des zouaves*. Celui qui se chargea de lui faire connaître cette promotion et de lui remettre son brevet, ajouta :

« Sire, vous devez être content, on vous a nommé à l'unanimité. »

IV.

Bataille de Solférino. — Épisodes et traits héroïques.

(24 juin 1859.)

Vous venez de nous raconter la part glorieuse prise au combat de Palestro par votre ancien régiment, le 3ᵉ zouaves ; à mon tour, si vous le voulez bien, je vais vous dire de quelle façon fut défendu notre drapeau à la bataille de Solférino.

Celui qui prenait ainsi la parole était un ancien sous-officier du 91ᵉ de ligne, régiment qui se battit héroïquement le 24 juin 1859.

— Le lendemain de la bataille, messieurs, un soldat de notre régiment écrivait au sujet de notre drapeau les lignes suivantes, qui étaient l'exacte expression de la vérité :

« Ce vieux drapeau, déchiré, troué de balles, frangé par la mitraille, excitait l'admiration et le respect avant la campagne d'Italie. Aujourd'hui, le coucou n'a plus ni ailes, ni pattes, ni bec ; la cravate est réduite à sa plus simple expression ; un bout de guenille, large comme une pièce de cent sous, flotte encore à l'extrémité de la hampe. »

C'est que la lutte avait été chaude et meurtrière autour de notre cher drapeau que les Autrichiens tentèrent de nous enlever à plusieurs reprises : sa défense a été l'un des épisodes les plus héroïques de la journée.

Le 91ᵉ régiment était arrivé aux hauteurs de Solférino à travers une pluie de balles ; l'écharpe du drapeau se détache et tombe, le sergent Lanou-Domengé la ramasse. Le lieutenant de Guisenil, porte-drapeau, tombe à son tour, grièvement blessé, et la hampe s'échappe de ses mains. Lanou-Domengé ramasse ce second débris et bientôt se sent frappé à la jambe gauche. Un officier le prie de lui céder le drapeau, l'honneur du régiment ; il s'avance, avec ce précieux dépôt, au milieu de la mitraille, animant ses soldats du geste et de la voix ; mais, un boulet arrive et lui emporte la tête.

Le brave officier qui a payé de sa vie cette action d'éclat s'appelait Jules Tollet. C'était un

Bataille de Solférino.

enfant de Paris, et il a mérité par son intrépidité que son nom soit conservé à côté de celui du sergent Lanou-Domengé, qui ramassa de nouveau et sauva enfin l'aigle mutilée du 91ᵉ.

Les Autrichiens firent tout ce qu'ils purent pour enlever ce glorieux débris ; mais ils échouèrent, et plus de cinq cents payèrent de leur vie leurs attaques réitérées et acharnées contre l'emblème de l'honneur du brave 91ᵉ.

Mais, si les Autrichiens ne purent nous enlever notre drapeau, en revanche, l'un de nos jeunes soldats, une recrue, un simple conscrit, s'empara de l'un des leurs. Le fusilier Louis X..., qui, au moment de la déclaration de guerre, était domestique chez M. Pontfort, propriétaire auprès de Béthune, avait été incorporé et avait suivi son régiment en Italie. A la bataille de Solférino, le jeune conscrit se fit remarquer par son intrépidité et sa grande bravoure. Il prit un drapeau à l'ennemi et vint de suite l'apporter à l'empereur qui, pour ce beau fait d'armes, lui adressa ses félicitations et lui remit la croix de la Légion d'honneur.

Le jeune conscrit n'eut, pour remercier l'empereur, d'autres paroles que celles-ci :

« Ah ben ! monsieur (sic), si cha vous fait tant de plaisi, je vous n'en rapporterai encore. »

— Tout le monde sait, en effet, que le 91ᵉ de

ligne s'est couvert de gloire à Solférino, fit remarquer un capitaine retraité qui venait d'arriver au *bivouac* depuis un instant ; je me rappelle que, dans toute l'armée, on ne parlait le lendemain que de la façon dont il s'était vaillamment comporté ce jour-là. Chacun, d'ailleurs, fit son devoir en face de l'ennemi dans tous les régiments engagés. Garde impériale, chasseurs à pied, hussards et d'autres encore rivalisèrent de courage et d'intrépidité. Je me souviens encore de divers traits d'héroïsme accomplis à Solférino par les uns ou les autres. En voici quelques-uns :

A un moment donné, le porte-drapeau du 1er régiment de voltigeurs de la garde étant tombé grièvement blessé par la mitraille, et le drapeau du régiment s'étant trouvé en danger, un lieutenant de ce corps, M. Trouillet, s'empressa de le saisir et de le porter.

A peine ce brave officier avait-il fait vingt pas, qu'un obus le renverse, et le drapeau est mis littéralement en lambeaux par les éclats de fer. C'était un moment solennel. Enfin, le porte-drapeau, qui n'avait été qu'étourdi sur le coup, se relève et déploie plus haut et plus fort cet emblème de la valeur du 1er régiment des voltigeurs de la garde.

A un autre moment de la bataille, un voltigeur gisait à l'écart. Trois balles l'avaient frappé en même temps, à la cheville, au genou, à la hanche :

« Les blessures, certainement on s'en passerait, disait-il ; mais ce qui m'enrage, c'est de n'avoir pas pu seulement décharger mon fusil. Au premier feu, crac ! j'ai attrapé tout ça. Est-ce bête ! »

C'est un capitaine, M. de Lagorce, des voltigeurs de la garde, qui a fait une des plus brillantes actions de la bataille de Solférino. Le feu de la grosse artillerie autrichienne plongeait dans les masses de notre infanterie et emportait des files entières. Le capitaine de Lagorce, à la tête de sa compagnie déjà cruellement décimée, descend le ravin, brise, renverse, culbute un bataillon autrichien et le rejette en arrière : ils fuient ; nos soldats courent, tombent sur les pièces, tuent les artilleurs à coups de baïonnette, et reviennent, ramenant cinq pièces de canon.

Un peu plus tard, un capitaine du 5ᵉ hussards avise à Solférino, un plateau du haut duquel une batterie autrichienne foudroyait nos bataillons. Suivi de sa compagnie, il escalade le talus qui conduit au plateau ; sur les hauteurs du talus, il trouve un chemin profondément encaissé qui faisait escarpe du côté de l'ennemi. Il précipite dans ce fossé un bataillon de chasseurs à pied autrichien, s'y jette après eux, les taille en pièces ;

les chevaux emportés par leur élan escaladent
l'escarpe. Dans le mouvement, le capitaine est
renversé ; il saisit par la queue un cheval qui
l'emporte sur le plateau, où il arrive le premier,
et tue le premier artilleur qui lui tombe sous la
main. Ses hommes, ne voulant pas emmener de
canons, tuent les artilleurs, coupent les traits,
saignent les chevaux, et redescendent ventre
à terre dans la plaine, comme s'ils eussent
accompli la chose la plus aisée du monde.

Enfin, ce fut à Solférino que le caporal Fer-
rière, du 3e bataillon de chasseurs, escalada avec
ses hommes une éminence sur laquelle les
Autrichiens avaient disposé une batterie qui faisait un feu meurtrier. Comme il y touchait, son
bras gauche est emporté par la mitraille. Il
s'écrie :

« N'importe ! avant de mourir, il faut que je
descende encore un de leurs officiers ! »

A ces mots, il jette sa carabine qui ne pouvait
plus lui servir, tire son sabre, et, sans s'inquiéter
de son bras gauche retenu seulement par quelques
muscles, il s'élance à travers l'ouragan de mitraille,
atteint la batterie, et plonge son sabre jusqu'à la
garde dans le corps du capitaine commandant.
Un colonel autrichien accourt à ce moment et
brûle, de son pistolet, la cervelle au brave capo—

ral, qui expire côte à côte avec le capitaine autrichien.

— Vous savez, dit également un autre des assistants, que c'est également à Solférino que Mme Cros, la cantinière des chasseurs à pied, se signala par un courage et un dévouement au-dessus de son sexe. Mme Cros était alors une jeune et jolie femme de vingt-deux ans, et était mariée avec un chasseur du bataillon. Le matin de la bataille, elle avait demandé à son mari la permission de suivre les chasseurs, pour panser les blessés. Le mari, qui restait en réserve, lui en donna la permission.

Alors, Mme Cros suspend à son côté son tonnelet d'eau-de-vie, se charge d'un bidon plein d'eau fraîche et d'un paquet de charpie, et la voilà en marche.

Elle se met dans les rangs des chasseurs, et ne reste pas hors de la portée des balles. Elle est au milieu d'eux, exposée aux mêmes dangers; les balles sifflent autour d'elle, elle n'y prête aucune attention. Elle panse plusieurs blessures; elle panse d'abord celle d'un cent-garde qui fut atteint d'une balle à la tête, non loin de l'empereur.

Quelques moments après, elle trouve un chasseur étendu par terre, blessé au côté, et mourant de soif et de fièvre. Mme Cros s'approche de lui, se penche, soulève la tête du blessé et lui fait avaler un verre d'eau fraîche, où elle a versé quelques gouttes d'eau-de-vie. Pendant que le malheureux blessé boit, une balle arrive, emporte le petit doigt de Mme Cros, brise son verre et tue l'homme.

Mme Cros, que sa blessure fait beaucoup souffrir, veut rejoindre l'ambulance. Chemin faisant, elle rencontre un tirailleur nommé Riche, qui avait les deux cuisses traversées d'un coup de feu. Blessée elle-même, elle ne peut le soulever, mais elle se penche vers lui; il entoure de ses deux bras le cou de cette femme courageuse qui le traîne ainsi jusqu'à l'ambulance, où l'on panse ses blessures et celle de Mme Cros.

Le lendemain, Mme Cros, souffrant beaucoup, rencontre le chirurgien des cent-gardes qui examine son doigt et lui dit qu'il faut en faire l'amputation.

— Eh bien ! faites-la tout de suite, répond Mme Cros en étendant stoïquement la main.

Et l'amputation se fait sans qu'elle pousse un seul cri.

Les bagues qu'elle portait à l'annulaire avaient heureusement préservé ce doigt qui, autrement, eût été amputé comme l'autre. Les bagues brisées par la balle furent présentées à l'empereur, à qui l'on raconta la conduite courageuse de la brave Mme Cros.

La brave cantinière fut, d'ailleurs, un peu plus tard décorée de la Légion d'honneur.

V.

Deux officiers qui eurent de la chance.

(Juin 1859.)

— Puisque vous êtes en train de vous remémorer divers souvenirs de la guerre d'Italie, voulez-vous, messieurs, me permettre de vous raconter les aventures fort curieuses de deux des combattants de Solférino, qui échappèrent à la mort d'une façon extraordinaire, et dont l'heureuse chance fit à l'époque, pendant plusieurs jours, le sujet de la conversation de leurs amis et connaissances au cercle dont je faisais alors partie?

Celui qui intervenait de la sorte dans la conversation était un rentier de la ville, âgé d'une

soixantaine d'années, bon vivant et fort vert
encore, malgré sa barbe et ses cheveux blancs.

Chacun s'étant empressé de le solliciter à
prendre la parole, il s'exprima en ces termes :

— Dans ce temps-là, messieurs, je n'habitais
que fort peu en province. J'étais jeune et je pas-
sais la plus grande partie de mon temps à Paris,
où ma fortune me permettait de mener quelque
peu l'existence des jeunes gens à la mode. Je
faisais donc partie du Jockey-Club, qui comptait
un grand nombre de ses membres parmi les officiers de l'armée d'Italie. Deux d'entre eux, le
comte de La Rochefoucauld et le comte Arthur
Talon, ont échappé à la mort d'une façon mira-
culeuse.

Le comte de La Rochefoucauld, en chargeant
la cavalerie autrichienne, fut fait prisonnier,
après avoir reçu cinq blessures. Aucune d'elles
n'a été mortelle, et pourtant l'une d'elles aurait dû
infailliblement amener sa mort. En effet, qui
croirait que M. de La Rochefoucauld a senti le
pistolet d'un hulan s'appuyer sur son front entre
les deux sourcils, que le coup est parti, et que la
balle ne lui a pas cassé la tête? Par un de ces
effets surprenants et inexpliqués que présentent
parfois les armes à feu, la balle s'est contentée de
filer sur l'os frontal, en labourant la peau, et de

4

sortir par le képi, après avoir glissé sur le front sans pénétrer.

Quant à M. Arthur Talon, son odyssée n'a pas été moins curieuse. Lancé à la tête de sa compagnie, il entre dans un carré autrichien, reçoit une décharge qui transperce son cheval sans toucher le cavalier. Renversé, il se relève, le sabre au poing; un coup de sabre fend son képi; un second coup de sabre l'atteint à la tête; mais la bagarre était telle, que la main du soldat avait été détournée, et que, au lieu du tranchant, c'était le plat du sabre qui seul avait porté. Presque aussitôt, un dragon lui plante sa carabine sur la joue et fait feu.... Le coup rate. Un instant après, M. Talon reçoit sous les côtes un coup de baïonnette qui le jette à terre. L'Autrichien, qui croyait avoir éventré son homme, dut être bien étonné de le voir se relever tout gaillard; car le coup qu'il avait porté était un coup droit d'une force terrible. Il pensa, sans doute, que le jeune officier portait sur lui un talisman, et il ne se trompait pas.

Pendant la campagne de Crimée, M. Talon se plaignait un jour d'avoir cassé le verre de sa montre et de ne pouvoir point l'envoyer chez Bréguet. Un de ses soldats lui dit :

« Mon lieutenant, vous n'avez pas besoin de porter votre montre au Palais-Royal. J'ai travaillé dans l'horlogerie, et j'ai dans mon sac mes petits outils. Si vous avez une pièce de deux francs, je me charge de vous prouver que je suis plus fort que Bréguet, car le verre que je vous mettrai ne se cassera jamais. »

M. Talon livra sa montre, accompagnée d'une pièce de deux francs, au soldat horloger : celui-ci aplatit sur les bords la pièce de monnaie et l'ajusta très habilement à la montre, qui se trouva ainsi avoir, d'un côté une boîte d'argent, et de l'autre une boîte d'or.

Rentré en France, M. Talon garda cette montre comme une relique de Crimée et comme un objet original. Il la portait à la bataille de Solférino ; c'est elle que la baïonnette de l'Autrichien avait rencontrée. L'arme, qui eût glissé sur un autre métal, était entrée dans la pièce d'argent, et était sortie de l'autre côté de la montre, au lieu de sortir de l'autre côté du jeune officier.

« Ainsi, disait M. Talon à ses amis, à son retour de la campagne, je dois la vie à une pièce de deux francs qui se trouvait par hasard dans mon gousset. »

— Cet argent, mon cher ami, lui répondit un membre du Jockey-Club, peut s'appeler de l'argent bien placé.

VI.

Une commission bien remplie.

(Juin 1859.)

— La double aventure de MM. de La Rochefoucauld et Arthur Talon est, en effet, assez
extraordinaire, dit un des assistants à celui qui
venait d'achever son récit. Mais, à la guerre, les
choses les plus extraordinaires, les moins ration-
nelles, sont parfois celles qui arrivent le plus
fréquemment. Pour ma part, pendant mon séjour
à l'armée, et dans mes diverses campagnes, j'ai
été témoin ou j'ai eu connaissance de bien des
faits qui, à première vue, paraîtraient incroyables.
En voici un, entre autres, qui m'a été raconté par
l'un des amis du héros de l'aventure :

Celui-ci était un jeune et brillant officier d'état-major que je ne vous désignerai que par la lettre initiale de son nom, le capitaine P***. A la veille de partir pour l'armée d'Italie, en 1859, il reçut la visite d'un vieux colonel en retraite, ami de sa famille :

« — Mon cher ami, lui dit le vieux brave, je n'aime pas les Autrichiens, cela date de ma plus grande jeunesse, c'est-à-dire du dernier siège de Mantoue. J'avais dix–sept ans alors, j'étais volontaire, et un matin, comme je me promenais innocemment désarmé dans la campagne, voilà que je tombe dans une embuscade des troupes de Wurmser, et qu'au moment où je devais me croire prisonnier, un grand diable de major croate m'envoie un coup de pistolet et me casse l'épaule! Je fis trois mois d'hôpital, et emportai la balle extraite pour ma vieille mère, qui la garda vingt ans parmi les bijoux de sa famille. A sa mort, je retrouvai ce cadeau du Croate; le voilà! Il faut, mon cher ami, que vous me fassiez un grand plaisir. Vous attendrez une bonne occasion, et, lorsque vous aurez affaire aux Croates, vous emprunterez, pour un moment, un fusil de soldat, vous mettrez cette balle dedans, et vous l'enverrez à un « major », en souvenir de moi... La mission vous convient-elle? »

Le capitaine P*** prit la balle.... au bond, et promit de faire de son mieux. Il a tenu parole, comme vous allez voir.

A Montebello, où il prit vaillamment part, au début de la campagne, comme aide de camp du général Forey, il crut plusieurs fois qu'il allait pouvoir restituer le projectile à l'ennemi, selon les instructions reçues de son vieil ami le colonel. Une fois même, au fort de la mêlée, et comme nos soldats débutaient dans ces terribles charges à la baïonnette, que redoutaient les Autrichiens, l'officier d'état-major saisit deux fois un fusil, tout prêt à glisser le projectile de calibre par-dessus la cartouche, doublant ainsi la dose du plomb, une fois pour l'ancien empire, et une fois pour le nouveau. Mais le capitaine P*** ne trouva point de « major » à viser, et il dut se contenter de larder çà et là l'ennemi de son épée de Crimée, espérant que quelque autre bataille lui offrirait le but, la cible imposée par ses instructions.

En effet, il était dit, il était écrit que ce serait à la grande journée de Solférino que P*** ajusterait le coup de fusil en question ! Dans la première phase de l'engagement de la division Forey, notre officier reçut ordre de partir avec une escorte pour faire exécuter un mouvement à la brigade de gauche. En route, il tomba avec sa troupe sur un

La grande journée de Solférino.

peloton de Croates, séparé de son régiment par le feu d'un mamelon que les nôtres venaient d'enlever par escalade.

— Des Croates ! s'écrie P***, voici peut-être l'affaire du colonel !

Et il se fait ramasser un fusil abandonné sur le champ de bataille, le charge et y glisse la balle de 1797. Ses hommes font feu, on riposte ; ils ne se donnent point la peine de recharger leurs armes ; ils s'élancent pour saisir l'ennemi corps à corps. Au milieu de la mêlée, il aperçoit un cavalier, un officier qui le vise avec un long pistolet d'arçon. Il se sent perdu. Prompt comme l'éclair, le capitaine ajuste l'officier, qu'il atteint et qui tombe de cheval. Les Croates, voyant leur chef abattu, se débandent, et ceux qui ne réussissent pas à s'échapper par les champs voisins, sont faits prisonniers. L'escarmouche terminée, le capitaine saute à terre, court à son blessé.... C'était un « major » et il avait l'avant-bras cassé, presque l'épaule !

— Major, lui dit le capitaine, vous vouliez me tuer ; j'ai dérangé votre coup. Je vais vous faire conduire à l'ambulance de ma division avec tous les soins possibles. Seulement, j'ai un petit service à vous demander.

— Un service !... vous !... à moi ? dit l'Autrichien surpris.

— Oui. Il s'agit de me garder la balle que je vous ai logée là, et que nos chirurgiens vont vous extraire. Il faut que je la rapporte à Paris à un vieux colonel qui me l'a prêtée.... Pardon! mon major, je vous laisse, car j'ai des ordres à transmettre sur l'aile gauche. Nous nous reverrons plus tard.

Et P*** saute sur son cheval et part au triple galop accomplir sa mission.

Le lendemain de la victoire, il retrouvait son major croate qui, après s'être fait raconter l'histoire, lui remit religieusement la balle envoyée par le fusil, et qui venait d'être extraite de son bras.

— Ces diables de Français, s'écria-t-il, ils vous tuent, mais ils vous font rire!

VII.

Le sergent Rousselot.

(14 mai 1792.)

— Hier et avant-hier, messieurs, dit en
souriant l'un des habitués du bivouac, c'est la
guerre d'Italie qui a fait presque tous les frais de
la conversation, et, pour ma part, en ma qualité
d'ancien soldat de la campagne de 1859, je me
suis senti tout heureux et quelque peu rajeuni par
le souvenir que nous avons donné à quelques-uns
de nos compagnons d'armes de ce temps-là.
Aujourd'hui, si vous voulez me le permettre,
nous débuterons par un souvenir d'une époque
bien plus éloignée de nous, de ce moment terrible
où la patrie, envahie de toutes parts par les armées
étrangères, fut « déclarée en danger ». Il y a plus

de cent ans de cela, comme vous le savez ; par
conséquent, aucun de nous n'a connu les héros
du fait d'armes auquel je fais allusion. J'en ai
trouvé le récit dans le *Petit Journal*, et le fait
d'armes en question est bien digne de la publicité
dont l'a honoré l'écrivain patriote qui signe *Midas*.
C'est ce récit dont je vais vous donner lecture, si
toutefois cela vous agrée.

Chacun des assistants ayant acquiescé à la
proposition, celui qui venait de parler ainsi lut ce
qui suit :

« C'était peu de jours après la honteuse panique
qui saisit les dragons de Rochambeau et de Biron
et les fit se débander, sans combat, sur la frontière
belge, à la première approche des envahisseurs de
la patrie en danger.

« On frémissait encore d'indignation et de
douleur, à Paris et dans toute la France, quand
arriva la nouvelle de nobles actes de bravoure et
de dévouement accomplis, sur cette même frontière,
par d'obscurs soldats.

« Et ce fut comme un baume mis sur la blessure
reçue par l'honneur national que d'apprendre les
beaux exemples de vertus civiques et militaires
donnés par de simples citoyens isolés, au
moment où, travaillés par des traîtres et les
manœuvres des émigrés, des chefs illustres et

leurs officiers montraient une hésitation singulière et laissaient se relâcher les liens de la discipline et du devoir en présence de l'ennemi.

« L'un de ces héros humbles, dont la date de ce jour (le 14 mai) me rappelle le trait courageux, qui eut les honneurs d'une mention éphémère au *Moniteur*, fut le sergent Rousselot.

« Il est bon de l'honorer d'un souvenir, ce vaillant sans emphase et sans panache, ce digne aïeul du sergent Bobillot.

« Envoyé en reconnaissance, ce chevronné se trouva surpris par plus de cent hulans près du village de Marcou (Nord).

« Il n'avait avec lui que huit recrues, armées de plus d'ardeur que d'expérience, mais en qui vibrait l'âme de la France nouvelle.

« Disposant sa petite troupe de la manière la plus avantageuse, avec un grand sang-froid, et de façon à se replier sur Condé sans cesser de fournir un feu aussi nourri que possible, il se borna à dire à ses hommes :

« — *Si je recule, tuez-moi; si quelqu'un recule, je le tue.*

« Ce discours laconique, entre parenthèse, semble avoir été pris pour modèle par La Roche-jaquelein, plusieurs années plus tard, quand il dit à ses chouans, d'après ses biographes :

« — Si j'avance, suivez-moi ; si je recule, tuez-moi ; si je meurs, vengez-moi.

« Les recrues du sergent Rousselot ne reculèrent pas. Ces jeunes gens n'en avaient, d'ailleurs, nullement l'intention. Ils marchèrent chargeant et déchargeant régulièrement en douze temps et bien à propos leur glorieux fusil à pierre.

Pour sa part, le sergent Rousselot *déclara touche* quarante fois et envoya quarante pruneaux bien visés à la horde qui tourbillonnait sur toutes les faces de son pauvre petit bataillon carré.

« Pendant cette retraite, qui dura cinq quarts d'heure, il n'y eut qu'un blessé sérieusement, et celui-ci s'arrêta en disant :

« — Mon sergent, j'ai la cuisse cassée, je crois.

« — Bon ! Peux-tu marcher encore ?

« — Peut-être, oui.

« — Alors, charge ton arme, et en avant.

« Et il continua à marcher, comme il pouvait, mais il était temps qu'à la vue de Condé, au loin encore, les hulans, très réduits de nombre, et découragés par le feu perpétuel de leurs adversaires, se décidassent enfin à tourner bride.

« Et c'est ainsi que le sergent Rousselot et ses huit hommes, tous plus ou moins éclopés, mais debout, regagnèrent les lignes françaises, avec les honneurs de la guerre.

« La ville de Valenciennes lui offrit une épée d'honneur.

« Et, le 31 mai suivant, le *Moniteur* annonçait que ce bon soldat était fait officier.

« Que devint depuis ce brave ? Mort au champ d'honneur, sans doute, comme tant de milliers d'autres ?

« J'ai cherché, mais je n'ai pas trouvé la trace de cet oublié.

« Et si je rappelle son nom, à la date où il l'illustra, c'est que, de même que ses huit soldats, dont il disait plus tard : « *Oh ! ils ont joliment travaillé !* » ce sergent Rousselot a joliment travaillé aussi pour qu'on salue sa noble mémoire, à tout le moins une fois l'an ! »

VIII.

Un combat héroïque au Tonkin.

(1894.)

Lorsque la lecture du fait d'armes du sergent Rousselot fut terminée, chacun remercia le lecteur d'avoir fait connaître au bivouac le nom de ce brave; puis l'un des assistants lui dit :

— Vous avez bien fait, mon camarade, de penser, avec l'auteur de l'article que vous venez de nous lire, que le nom de ce vaillant méritait de ne pas être oublié. Dans ce temps-là, où nous avons eu à combattre de tous les côtés, à la fois, c'est grâce à l'héroïsme de chacun des soldats de nos armées que nous avons pu parvenir à repousser toutes les attaques dont la France a été alors l'objet. Mais, fort heureusement, de tout temps il y a eu des héros de ce genre dans les armées françaises ; il y en a encore, nous le savons tous. Je vais d'ailleurs, à mon tour, avoir le plaisir de vous en donner une preuve nouvelle, car, moi aussi, j'ai apporté un journal avec l'intention de vous lire un glorieux fait d'armes qui y est relaté tout au long. Seulement, c'est de nos jours, il y a quelques mois à peine, que l'événement s'est passé, et vous allez voir que les sergents d'aujourd'hui sont à l'occasion les dignes émules des sergents de l'épopée guerrière de la grande Révolution et de la première République.

C'est au Tonkin qu'a eu lieu le combat héroïque dont voici la relation que j'ai apportée à votre intention :

« Le *Journal officiel* a publié le récit succinct de la belle conduite de l'escorte du convoi de Cho-Ko, attaqué au Tonkin le 30 décembre 1894.

« Le convoi était parti le 30 au matin du poste de Bac-Kem, escorté par quarante-six tirailleurs du 3e régiment, sous le commandement du sergent Bonnardi, secondé par le sergent Bastat. Une bande de cent cinquante à deux cents fusils, formée hors du territoire militaire et conduite par le fils du chef soumissionnaire Luong-Tamky, vint s'embusquer sur la route, dans un défilé broussailleux, long et difficile, resserré entre une haute montagne et le fleuve.

« Le convoi marchait encadré en tête par la section Bastat et en queue par la section Bonnardi. Les pirates laissèrent s'engager en entier dans le coupe-gorge la section de tête et, à un signal donné, ouvrirent sur elle un feu rapide qui lui coucha par terre vingt hommes sur vingt-trois.

« Bastat rallia à ses côtés les trois qui restaient debout et quelques blessés pouvant encore faire usage de leurs armes, prit position et arrêta un moment le flot des Chinois qui se précipitaient sur le sentier en hurlant. Après quelques instants d'une lutte disproportionnée et héroïque, le sergent tombait frappé à mort de deux balles, payant de sa vie le salut de ses soldats blessés, à qui il avait ainsi donné le temps de se traîner en arrière.

« Dès les premiers coups de fusil, le sergent Bonnardi accourait, ouvrait le feu et, avec intelligence et vigueur, réussissait à occuper par une marche oblique en échelons, le seul point qui lui permît de tenir tête à l'ennemi, de soutenir l'autre section et de protéger les charges du convoi abandonnées par les coolies tout le long de la route. Il réussit, avec ses vingt-trois tirailleurs, à briser l'élan des pirates, à repousser deux retours offensifs et à leur interdire l'accès du convoi. A la fin de la journée, la vaillante petite troupe était retranchée sur une hauteur située un peu en arrière du lieu de l'action et au sommet de laquelle les blessés et la presque totalité des charges avaient pu être parquées. C'est sur cette position que les renforts partis de Bac-Kem et de Chiem-Hoa la recueillirent le lendemain.

« Au cours du combat, un petit groupe de tirailleurs s'étaient dévoués pour aller chercher le corps du brave Bastat qui respirait encore et acheva de mourir dans la nuit.

« Les sergents Bastat et Bonnardi, du 3e régiment de tirailleurs tonkinois, ont été cités à l'ordre du jour des troupes de l'Indo-Chine pour les faits ci-dessus relatés, qui ont été communiqués par le ministre de la marine aux commandants d'escadre, aux préfets maritimes et aux commandants aux colonies. »

IX.

Les héros d'Aïn-Ghettar.

(1871.)

— Vous avez été heureux, vous autres, à l'armée d'Italie, dit un vieux sous-officier encore tout bronzé par le soleil d'Afrique ; vous avez été heureux ; tout vous a réussi, non pas sans peine et sans fatigue, — on en a toujours à la guerre, — mais enfin votre besogne a été terminée en quelques semaines, et vous êtes rentrés en triomphateurs dans la patrie. Les journaux se sont empressés de célébrer à l'envi vos victoires, et de signaler au public tous les héros de votre courte et glorieuse campagne. Tandis que nous, en Algérie, du moins en certains moments, nous

avions beau supporter des fatigues inouïes, et
nous battre parfois dans des conditions singuliè-

On avait à les vaincre dans une série d'escarmouches.

rement difficiles, va te faire lan laire! personne ne
songeait à nous en dehors de nos chefs, et nous

n'avions la plupart du temps, pour nous soutenir et nous réconforter, que l'idée du devoir à remplir, que la pensée que nous luttions obscurément pour la France.

— C'est vrai, mon brave ami, répondit l'un des conteurs des épisodes de la guerre d'Italie, et cependant je reconnais que, en Algérie, vous avez eu bien souvent l'occasion d'accomplir de remarquables actions d'éclat.

— Et des actions d'éclat où le courage individuel était appelé à se montrer en première ligne et à chaque instant, je vous l'assure, messieurs. Là-bas, on ne se rencontrait point avec les Arabes en bataille rangée, mais on avait à les vaincre dans une série d'escarmouches sans cesse renouvelées, dans lesquelles la lutte était souvent plus terrible et plus dangereuse que dans les combats avec les armées régulières des puissances européennes. Jugez-en, messieurs, par l'épisode suivant qui a eu lieu pendant que j'étais à l'armée d'Afrique, et que m'a remis en mémoire l'*Almanach illustré des Familles*, à qui j'emprunte tous les détails que vous allez entendre :

C'était pendant la célèbre et terrible insurrection des Arabes contre notre autorité, qui éclata en 1871, à la suite de nos revers de l'Année terrible. « Obéissant à un de ces mots d'ordre qui circulent, on ne sait comment, en pays musulmans, les spahis indigènes qui formaient la garnison d'Aïn-Ghettar se révoltèrent brusquement un matin, alors que, revenant de la manœuvre, ils descendaient de cheval dans la cour du bordj, et ils se précipitèrent vers la chambre servant de petit arsenal, où étaient gardées les munitions, pour les piller.

« L'attaque avait été si brusque et si imprévue qu'ils faillirent réussir. Mais le capitaine qui commandait le bordj était un homme d'une singulière énergie. C'était un vieil Algérien, familier avec toutes les surprises. Il se remit vite. Il appela les quelques Français qui composaient le cadre de sa petite troupe. On n'imagine point ce que peuvent la décision et le sang-froid. Il lui restait encore un peu de prestige de son autorité : il brûla la cervelle du premier qui essaya de mettre la main sur lui, et il parvint à pousser les Arabes hors des portes, qui furent solidement barricadées.

« On put alors réfléchir, envisager froidement la situation, qui était étrangement critique. Les spahis, traîtres à notre cause, allaient faire le siège du bordj, dont ils connaissaient toutes les issues, entraînant avec eux toutes les tribus voisines.

« On n'était qu'une infime poignée de Français. Or, le devoir n'était pas seulement de sauver le bordj, d'empêcher les révoltés de s'emparer des armes qu'il contenait : il fallait aussi prévenir la petite ville, alors naissante, de Soukahras, du danger qui la menaçait, avertir les autorités militaires du soulèvement qui venait d'éclater.

« Mais comment? Soukahras était à sept ou huit heures de route, et cette route était assurément gardée. Elle était déjà réputée dangereuse en temps ordinaire.

« Se risquer hors des murs du petit fort, c'était la mort presque certaine. Cependant, il n'y avait nul autre moyen pour faire parvenir la nouvelle. Le télégraphe ne reliait pas encore, comme aujourd'hui, les différents postes. Si faible que fût l'espoir de la réussite, il n'y avait qu'à tenter la chance.

« Alors, il se passa une chose vraiment épique. Le commandant du bordj n'eut pas besoin de faire appel au courage de ses brigadiers et de ses sous-officiers; il n'eut pas à leur expliquer ce qu'il attendait d'eux; ils l'avaient compris.

« Très simplement, l'un d'eux, le brigadier **Le Razevey** s'assura de l'état de ses armes.

« — C'est à moi de partir le premier, dit-il, puisque je suis le plus jeune.

« En sifflotant comme s'il eût dû aller à la manœuvre, Le Razevey se rendit à l'écurie, sella son cheval avec soin, et vint se présenter, ainsi qu'à l'inspection, devant le capitaine.

« Mon capitaine, lui dit-il, si vous n'avez pas demain de mes nouvelles, faites partir un autre homme.

« La nuit était venue. Il se glissa hors des portes et disparut. On imagine avec quelle anxiété ceux qui demeuraient prêtèrent l'oreille pendant quelques moments. Ils n'entendaient rien. Ce brave garçon de vingt ans, intelligent et avisé, avait-il pu franchir le cercle des Arabes? Hélas! tout à coup des détonations retentirent dans le lointain. Le cœur de ces soldats se serra.... Qui sait, pourtant? Peut-être Le Razevey avait-il échappé au danger.

« Mais, le lendemain soir, il n'y avait rien de changé à la situation.

« — A mon tour, dit un sous-officier.

« C'était, croyons-nous, le maréchal des logis Fleuriot, le frère de cette femme de lettres qui a écrit de nombreux ouvrages pour les enfants (Mlle Zénaïde Fleuriot). Mais lui, il tomba frappé sous les murs mêmes du bordj.

« Un à un, sans la moindre hésitation, les huit ou neuf Français se risquèrent au devant de la mort, n'attendant même plus la nuit, dans l'espèce d'appétit de sacrifice qui les possédait, et furent tués. C'est grand dommage que je ne me souvienne plus du nom de ces vaillants. Mais ces noms mêmes sont–ils inscrits sur la petite croix qu'on a élevée à leur mémoire, à l'endroit qu'on appelle Aïn-Scheffa, près du bordj, juste en face d'un marabout très ancien?... Seul, le dernier de ces gens de cœur parvint, par miracle, à Soukahras.

« Ce n'est là qu'un épisode entre cent autres belles et fières actions; mais combien en est-il qui ne sont pas connus davantage? »

X.

Le sergent-major Boeltz à la Petite-Pierre.

(9 août 1870.)

— Hélas! nous aussi, nous avons été moins heureux que vous, les anciens, qui avez glorieusement combattu en Crimée, en Italie, au Mexique, et qui êtes revenus vainqueurs dans la patric. Et cependant, nous nous sommes également battus avec courage.

Celui qui parlait ainsi était un ancien combattant de l'armée de Mac-Mahon, en 1870.

— Oui, vous vous êtes battus avec courage et avez fait votre devoir, lui répondit un vieux soldat de l'armée d'Italie, mais vous aviez trop d'ennemis à combattre, et vous avez succombé sous le nombre. Personne ne vous le reproche; on vous plaint et on admire avec juste raison l'héroïsme de plusieurs de vos compagnons d'armes.

— Du sergent-major Boeltz, par exemple, qui vient de mourir à Levallois-Perret, près de Paris, ajouta l'un des assistants.

— Je l'ai connu avant de faire partie de l'armée du maréchal et d'aller me faire faire prisonnier à Sedan. Au début de la guerre, il avait été laissé au fort de la Petite-Pierre, à proximité de Saverne, dans un défilé des Vosges. Il faisait partie de l'insignifiante garnison chargée de défendre ce fortin : celle-ci n'était que de trente-trois hommes (vingt-sept soldats du 96° de ligne et six artilleurs), commandés par le capitaine Mouton, qui avait inutilement réclamé des renforts.

Or, à la suite de nos premiers désastres, le 9 août, l'ennemi se présenta devant la place et la somma de se rendre.

A ce moment, le capitaine Mouton, gravement malade, avait dû remettre le commandement du fort au sergent-major Eugène Boeltz, car son lieutenant avait été tué par un éclat d'obus.

A la sommation que lui fit l'ennemi de rendre la place, le brave sous-officier répondit sans hésiter par un refus, mais, n'ayant aucun moyen de défense, et comprenant que toute résistance

Château de Saverne.

était impossible, il se hâta de faire enterrer les cartouches, noyer les poudres, enclouer les canons; puis, à la tête de sa petite garnison, il parvint à évacuer le fort sans être vu, et à se soustraire à la poursuite des Allemands.

Quelques jours après, il rejoignait nos troupes en retraite sans avoir perdu un seul homme.

Dans sa séance du 6 mai 1872, le conseil d'enquête approuva la conduite du sergent-major Boeltz, et lui vota des félicitations pour sa décision, son intelligence et son habileté.

A la suite de cette action, Eugène Boeltz fut fait officier et nommé chevalier de la Légion d'honneur. Il était déjà décoré de la médaille militaire, et, par la suite, il reçut, en outre, la médaille coloniale et la médaille de sauvetage.

Ce vaillant patriote est mort, en effet, le 15 mars 1893, à l'âge de cinquante et un ans, à Levallois-Perret, où il vivait retiré au milieu de l'estime générale.

Le maire de Levallois-Perret et la plupart des autorités civiles et militaires assistèrent aux obsèques d'Eugène Boeltz, à qui les honneurs militaires furent rendus par un détachement du 129e de ligne.

Voici d'ailleurs, messieurs, la plus grande partie d'une fort intéressante lettre écrite au sujet du sergent-major Boeltz peu de jours après sa mort, et publiée dans le journal le plus répandu de France :

« Après avoir détruit le matériel de guerre de la Petite-Pierre, disait l'auteur de la lettre en question, Boeltz profita de quelques heures de répit qu'il avait obtenues, non sans peine, de l'officier bavarois qui le sommait de se rendre, pour filer, à la tombée de la nuit, par un chemin tellement abrupt, que les Allemands avaient jugé inutile de le faire garder de près par leur infanterie.

« Au point du jour, l'officier allemand lança un escadron à sa poursuite. Boeltz fut rejoint par les patrouilleurs, mais les tint à distance en faisant le coup de feu, et captura même un hulan, qui lui apprit que sa ligne de retraite avait été indiquée aux Allemands par un individu de la Petite-Pierre.

« A travers bois, et grâce à la rapidité de sa marche, Boeltz réussit à dépister les cavaliers ennemis et à entrer la nuit suivante dans la place de Phalsbourg. A titre de première récompense, le commandant Thaillant lui laissa, pendant la brillante défense de cette petite place, le commandement de sa troupe transformée en corps franc, mais il ne se crut pas investi de pouvoirs suffisants pour nommer Boeltz sous-lieutenant.

« Après une sortie, pendant laquelle Boeltz était allé jusqu'à une batterie ennemie et l'avait enclouée, le chef de cette poignée de braves reçut la médaille militaire.

« Libéré en 1871, Boeltz (Alsacien) était à Paris à la recherche d'un emploi, lorsque la comparution de tous les commandants de places fortes devant le conseil de guerre mit son nom en vedette; la conduite d'un sergent-major était donnée en leçon à des généraux! Après l'avoir fait chevalier de la Légion d'honneur, M. Thiers le nomma percepteur à Apres-lès-Veynes, dans les Hautes-Alpes.

« Venant souvent faire ses versements à la recette de Gap, notre héros fut rencontré un jour par un de nos camarades qui avait été sergent-major dans le même régiment que lui, le 98°, je crois. Il l'amena à notre table, et c'est ainsi que je fis sa connaissance. C'était en 1875.

« Boeltz était un bon gros garçon, le cœur sur la main, et très jovial. Il nous racontait, en riant aux éclats, comment il avait joué le capitaine bavarois, qui, le cigare aux dents, était venu lui dire, sur un ton protecteur, qu'il ne pouvait que se rendre, puisque, dans la place, il n'y avait que ceci et cela....

« — C'est faux, répliqua Boeltz, je ne suis,

moi, que chef du poste de cette porte. Dans la place, il y a plus de deux cents hommes, du canon et des canonniers.

« — C'est très bien, ce que vous dites là, répondit le Bavarois, mais je suis renseigné, et par monsieur que j'ai rencontré dans un champ.

« En même temps, il lui désignait de la main un individu qui se tenait à distance.

« Rentré dans la place, après avoir enfin obtenu trois heures de délai, Boeltz fit rechercher l'individu, qui était un des notables de l'endroit, et l'enferma dans une casemate.

« — Franchement, n'aurais-je pas bien fait de le faire fusiller? nous demandait-il.... »

— Certes oui, il aurait bien fait, s'écria un capitaine retraité de l'armée d'Italie; et, s'il avait fait fusiller ce misérable, bien peu digne d'être Français, personne ne le lui aurait reproché, car le peloton d'exécution était tout ce que méritait ce lâche dénonciateur.

XI.

Mort héroïque d'un turco.

(Août 1870.)

— Nous disions hier, à propos du sergent-
major Boeltz, dit un vaillant retraité de notre
armée d'Afrique, que les vaincus de l'Année terrible s'étaient souvent montrés aussi braves et
aussi héroïques que les victorieux des campagnes
précédentes. Ils méritent donc, comme nous tous,
l'estime de l'armée et de la France, et ont en plus
droit à la sympathie qui s'attache au malheur.

Combien d'actions héroïques ont, en effet, été
accomplies, tant sur les divers champs de bataille
du début de la campagne que sur ceux où,
plus tard, nos jeunes soldats improvisés ont

sauvé l'honneur de la patrie, en luttant jusqu'au bout, et en se serrant vaillamment les coudes autour du drapeau!

En voici une, entre autres, messieurs, dont le héros fut un simple et modeste turco, et que m'a fait connaître le comte du Fresnel, major du régiment. Lorcy en fut le théâtre dès les premiers jours des hostilités.

« Le lieutenant-colonel Couston, raconte le comte du Fresnel, avait couché le bataillon dans les fossés de la route, en avant de Lorcy; mais lui-même était resté à cheval avec un groupe d'officiers, et les Prussiens ne cessaient de tirer.

« Notre turco, impatienté par cette fusillade, frappe sur l'épaule d'un engagé volontaire :

« — Prussiens, dit-il, macache braves ; toujours se sauver, pas savoir tirer. Moi, vouloir montrer à eux à descendre la garde. Toi, grande capote, venir avec moi. Toi, brave comme turco, mais pas savoir tirer non plus. »

« Et les deux hommes se postent en avant de la ligne, derrière un noyer.

« — Mets fusil contre arbre, dit le turco, et tire avec moi. »

Ils tirèrent ainsi de deux heures à trois heures et demie..., et, en face d'eux, sur une largeur de quinze à vingt mètres, tous les Poméraniens qui voulurent passer laissèrent leurs cadavres.

« Le terrible turco a l'épaule fracassée. Qu'importe ! Il fait charger son arme par son compagnon, et, visant d'une seule main, il tire toujours. Une seconde balle lui traverse les deux joues : le sang ruisselle sur son burnous, ses traits se contractent, et ses yeux noirs injectés de sang brillent de douleur et de rage : il tire toujours....

« Tout à coup, le colonel Couston tombe entraîné par son cheval, qui a reçu deux balles dans la croupe.

« — Le colonel est tué, dit l'engagé.

« — Sales chiens ! s'écrie l'Arabe, avoir toué ma coulounel ! moi vouloir faire payer cher à eux !

« Et, prenant la main du volontaire :

« — Adieu ! toi, bon soldat ; mais pas savoir, comme turco, mourir pour la coulounel et pour la France !...

« Et le voilà parti, sabre en main, criant : « Allah ! Allah ! » et courant, tête baissée, sur l'ennemi.

« Hélas ! il ne put l'aborder. Une balle ne tarda pas à l'atteindre en plein front, et il tomba raide mort.

XII.

Le capitaine Ménard.

(Février 1802.)

— Si depuis plusieurs années, messieurs, nos officiers et nos soldats n'ont plus l'occasion de déployer leur valeur et de montrer leur héroïsme sur des champs de bataille européens, ils trouvent encore souvent le moyen, plutôt que de rester inactifs, de se sacrifier pour la France, soit dans les aventureuses expéditions de nos diverses colonies lointaines, soit dans des explorations plus aventureuses encore tentées dans des régions presque inconnues, dans le but d'y assurer notre influence et d'augmenter ainsi la puissance et la grandeur de la patrie. Honneur à eux ! n'est-ce pas?

SAMORY.

Chaque fois que l'un de ces vaillants succombe à la tâche et paye de sa vie son dévouement au pays, il n'est que juste de proclamer son nom avec honneur et de conserver pieusement son souvenir. C'est pour cela, messieurs, que je me propose aujourd'hui de vous rappeler la façon dont le brave capitaine Ménard trouva la mort au Soudan, sur cette terre d'Afrique qui a déjà dévoré l'existence de tant d'héroïques explorateurs, au cours d'une exploration entreprise dans le voisinage des territoires occupés par notre sanguinaire ennemi *Samory*.

Celui qui venait de parler de la sorte donna ce jour-là connaissance au bivouac des faits suivants :

« Le 4 février 1892, au matin, Fakourou Bamba, notre allié, fit prévenir le capitaine Ménard qu'une forte colonne de Samory approchait de Seguéla. Ménard détacha aussitôt cinq de ses dix tirailleurs d'escorte et les envoya au village où étaient déposés ses bagages pour les mettre en lieu sûr. Mais les tirailleurs rencontrèrent en route la colonne ennemie et furent massacrés.

« Le capitaine Ménard, malade, n'ayant pas de cheval, ne se dissimula pas un seul instant la gravité de sa situation à la suite de ce massacre.

« Jugeant la retraite impossible et la fuite

indigne de lui, il s'enferme dans une cabane ; les cinq tirailleurs qui lui restent n'ont plus de cartouches ; il leur donne l'ordre de s'échapper et de gagner le premier poste français ; vainement, les braves serviteurs qui l'ont accompagné depuis plus d'un an, supplient leur chef de les garder près de lui ; il les pousse de force hors de l'enceinte, refusant leur inutile sacrifice ; il reste seul pour mourir.

Le capitaine monte d'abord sur le toit et, armé de ses deux revolvers, il répond à la fusillade des assaillants ; il en fait un véritable massacre.

Le feu est mis à la première enceinte ; Ménard, seul dans la seconde, tient tête à toute une armée. Pas un instant, ont raconté plus tard, au capitaine Marchand, les noirs témoins de cette scène grandiose, pas un instant son calme ne l'abandonna. Par les meurtrières de la cabane, à droite tantôt et tantôt à gauche, on voit briller un éclair, la balle part et frappe un ennemi. Vingt-neuf gisent déjà sur le sol, vingt-neuf tués par lui seul. Mais les balles pleuvent de tous côtés.

« Les assaillants sont parvenus à mettre le feu à la toiture en paille. A travers les débris et les flammes, on voit Ménard passer. Un coup de fusil lui brise l'épaule gauche. Son bras pend détaché, le sang rougit son uniforme. Mais, de sa main droite, tenant encore son revolver, les balles meurtrières partent toujours pendant qu'il se précipite sur l'ennemi, dans la direction d'un ruisseau boisé qui coule près de la cabane. Il atteint le ruisseau et s'y jette. Une balle le frappe encore dans le dos. Il tombe : les noirs accourent aussitôt et l'achèvent à coups de sabre.

« La tête et les bagages de l'officier français furent envoyés à Samory et servirent de trophées à la victoire remportée par son armée sur un seul homme. »

Vous le voyez, messieurs, le capitaine Ménard a vécu et est mort en brave. Il était né à Lunel, dans le département de l'Hérault, le 18 septembre 1861, et son souvenir est demeuré vivace dans sa ville natale qui, en ce moment même, s'occupe d'élever sur l'une de ses places publiques un monument destiné à perpétuer la mémoire de son vaillant enfant, la mémoire d'un héros.

Ce pieux hommage de la patriotique petite ville est un acte de justice, car ceux qui, comme le capitaine Ménard, vont sacrifier leur vie pour la patrie dans les pays lointains, méritent bien que leur nom soit au moins sauvé de l'oubli.

XIII.

Sur les champs de bataille et dans nos ambulances.

La plupart des anciens officiers et sous-officiers
qui se réunissaient le plus habituellement au bivouac, quand l'état de la température leur permettait cette agréable réunion en plein air, avaient
appartenu à l'armée d'Italie et fait la courte et glorieuse campagne de 1859. Aussi, les batailles, les
combats, les divers incidents de la lutte contre les
Autrichiens servaient-ils très fréquemment de
thème aux entretiens et aux causeries de ces vieux
soldats qui se remémoraient avec joie les plus
minces détails de leur participation ou de celle de
leurs camarades à la guerre entreprise en faveur

des Italiens. Nos lecteurs s'en sont déjà aperçus par quelques-uns des chapitres précédents. Or, un jour, la conversation retomba sur ce sujet toujours intéressant pour eux ; mais, au lieu de se raconter des faits d'armes ou des traits héroïques, on se mit, cette fois, à causer des blessés et des ambulances, et chacun retrouva dans ses souvenirs quelques anecdotes, quelques traits, quelques faits, tous et toujours intéressants, relatifs à certains de nos soldats blessés ou mutilés.

Ce sont quelques-unes de ces anecdotes qui vont faire l'objet du présent chapitre ; nous allons les présenter successivement à nos lecteurs, en nous dispensant toutefois la plupart du temps de leur désigner ceux des habitués du bivouac qui les racontaient à tour de rôle.

Le soir du combat de Palestro, un zouave qu'on amenait sur une charrette avec le genou brisé par un boulet, m'a répondu, dit un officier, lorsque je lui demandais :

— Leur avez-vous flanqué une bonne brossée? Etes-vous content?

— Mais non ! mon officier ; ce sont des gens qui ne sont pas civilisés.

— Pourquoi cela ?

— Parce qu'ils n'aiment pas la *fourchette*. (C'est ainsi que les zouaves appellent la baïonnette).

— Ils sont probablement habitués à manger avec leurs doigts, — ajouta un autre zouave, étendu à côté du premier, avec un bras emporté.

Une autre fois, c'était pendant une lutte à la baïonnette. Un zouave se battait contre un Autrichien ; d'un violent coup de crosse il lui brise la cuisse ; l'Autrichien, en tombant, casse le bras du zouave. Les voilà tombés l'un à côté de l'autre, et voilà leur furie éteinte. Le zouave, qui baragouine un peu l'italien, dit à l'Autrichien :

« Tu es un brave, et je ne veux pas te laisser crever là comme un chien. J'ai encore un bras : les jambes sont bonnes ; je vais te porter à l'ambulance. »

Et il le fit comme il le dit.

En arrivant, il dit au chirurgien-major :

« Vous le voyez, major, nous sommes manche à manche ; guérissez-nous vite que nous puissions jouer la belle. »

Voici maintenant une lettre d'un sous-officier appartenant à un régiment du 2ᵉ corps de l'armée d'Italie, qui écrivait de San-Caziane :

« J'ai été témoin, à l'ambulance, de deux épisodes qui vous feront juger du courage stoïque et du bon cœur du soldat français.

« Je causais avec un de mes amis blessé au bras, lorsqu'on apporta un caporal sapeur du 45ᵉ,

Entrée à Milan.

dont la jambe avait été brisée au-dessus du genou.

« L'amputation était nécessaire.

« Tandis que le chirurgien faisait ses préparatifs, le sapeur fumait sa pipe avec calme.

« L'opération commença. Le sapeur ne laissa échapper qu'un mot : *Dépêchez-vous.* »

« L'opération terminée, il reprit tranquillement sa pipe, aspira avec volupté la fumée, et, ne songeant déjà plus à lui, laissa tomber un regard de pitié sur un officier autrichien qui allait subir également l'amputation.

« — *Pauvre diable !* murmura-t-il.

« Et il se mit à fredonner une chanson.

« J'allais quitter l'ambulance lorsque je vis entrer un soldat du 72ᵉ. Il se traînait péniblement, une main appuyée sur son fusil : une balle lui avait traversé la jambe. De l'autre main, il soutenait un Autrichien auquel, dans l'action, il avait administré un magnifique coup de baïonnette à l'épaule ; il l'avait relevé du champ de bataille et l'emmenait pour le faire soigner. »

« En traversant l'ambulance de Milan, racontait un journaliste quelques jours après la bataille de Magenta, j'entendis une voix qui m'appelait ; je me retournai vivement, et je vis étendu sur un matelas un jeune capitaine de zouaves frappé d'un

éclat de mitraille à la cuisse. Je ne l'avais pas revu depuis Verceil, où nous avions dîné ensemble.

« — Vous me voyez, me dit-il, dans la position d'un homme à qui on vient de couper la jambe.

« — Est-ce possible? lui dis-je, étonné de tant de sang-froid.

« — Très possible, et la preuve en est qu'il ne me reste qu'une *guibole*. Cela ne m'empêchera pas de marcher, puisqu'on trouve des jambes chez le fabricant, mais je crois que cela me fera du tort auprès des dames.

« — Avez-vous beaucoup souffert? lui demandai-je.

« — Un peu : mais je vous jure que c'était très supportable et qu'on se fait une idée exagérée du bistouri.

De tout ce que j'avais vu depuis quelques jours, ajoutait le journaliste en question, le sang-froid de ce jeune capitaine, après une opération aussi douloureuse, fut ce qui m'étonna le plus.

« Dans la chaleur de l'action, un blessé autrichien, brûlé par la fièvre, demanda à boire : un fantassin français se détache, court au ruisseau le plus voisin au milieu d'une grêle de balles, et revient auprès de celui qu'il combattait tout à l'heure lui apporter le breuvage désiré. On voyait, d'ailleurs, constamment nos soldats rapporter du champ de bataille des prisonniers blessés avec la plus touchante sollicitude.

« Un vieux fantassin à trois chevrons passa, le lendemain de Solférino, la moitié de la journée accroupi devant un Autrichien blessé et couché au soleil, occupé à lui faire avaler, par petites gorgées, le contenu de son bidon, et à lui chasser les mouches. »

Un médecin a raconté le fait suivant :

« A l'hôpital militaire de Turin, on pratiquait l'opération de la désarticulation de deux doigts à un zouave blessé au combat de Palestro. Pendant cette opération, qui est passablement douloureuse et longue, le blessé ne poussa pas un seul gémissement : il fumait tranquillement son cigare.

« Seulement, une fois l'opération terminée, il demanda avec anxiété au chirurgien :

« — Croyez-vous, docteur, que je pourrai aller me battre encore ?

« Sur la réponse affirmative du docteur, le zouave, d'un air satisfait, dit tout simplement :

« — Je vous remercie beaucoup.

« J'ai vu, écrivait le correspondant d'un grand journal de Paris, j'ai vu un brave capitaine qui venait de subir l'amputation, et je n'ai pu m'empêcher de le plaindre. Il m'a répondu du ton le plus simple :

« — Je peux bien laisser une jambe ici, quand mon régiment laisse cent ou deux cents de ses meilleurs soldats !

« Au moment où ces paroles m'étaient dites, passaient trois zouaves qui portaient des planches de sapin blanc. Ils allaient faire des cercueils pour quelques-uns de leurs officiers. Ah! c'est à ce moment que j'ai mieux compris encore qu'un régiment était vraiment une famille pour l'officier aimé de ses soldats. Oui, ces hommes à l'aspect si rude, au visage bronzé, ces hommes pleuraient!... Ils faisaient des cercueils pour des chefs qu'ils n'avaient plus ! »

« J'ai vu arriver droit à moi, écrivait un officier, un chasseur d'Afrique, portant une balafre sanglante sur la figure, et suivi de deux prisonniers autrichiens *tenant la queue de son cheval.* Il les avait menacés de leur brûler la cervelle s'ils abandonnaient un instant les crins. De temps en temps, il leur disait :

« — Allons ! mes petits amis, vous devez être fatigués d'aller à pied ; changeons d'allure ! »

« Et aussitôt il faisait prendre le trot à son cheval, que les deux Autrichiens étaient bien forcés de suivre.

Voici maintenant plus plaisant encore :

« Un détachement autrichien était envoyé de

Peschiera par le chemin de fer pour porter du renfort au général Urban, chef de l'un des corps qui nous étaient opposés. Soit par suite d'une fausse manœuvre, soit intentionnellement, le mécanicien lombard qui conduisait le convoi partit à toute vapeur et amena le détachement autrichien en plein camp franco-sarde.

« Ce que voyant, des soldats français, avec cette gaieté qui ne les abandonne jamais, s'élancèrent aux portières et les ouvrirent en s'écriant :

« — *Messieurs les voyageurs pour France, changez de voitures, s'il vous plaît.*

« Et le détachement entier fut fait prisonnier. »

Dans un convoi de blessés, un officier de zouaves, voyant un soldat autrichien dont la tête fendue était couverte d'un linge sale plein de sang, détacha ce linge avec précaution et enveloppa de son mouchoir la tête du blessé, qui, sans dire un mot, lui pressa la main avec effusion.

Des soldats allaient aussi de l'un à l'autre, demandant à chacun s'il avait besoin de quelque chose, s'il voulait être changé de position ; et tout cela se faisait simplement, discrètement, avec le zèle et l'intelligente compassion qu'eussent eus des sœurs de charité.

Un peu plus loin, une charrette ramenait deux blessés : un croate, blessé à la bouche ; un zouave, dont la jambe était cassée en deux endroits. Le croate poussait des cris plaintifs : le zouave pensa qu'il avait soif, et, se relevant sur son coude, malgré ses propres douleurs, il ouvrit une orange qu'il tenait à la main, et, chemin faisant, il en exprimait le jus entre les lèvres sanglantes de l'Autrichien.

Dans une lettre reçue d'Italie par le journal *Le Nord,* et au milieu de nombreux détails sur les opérations militaires, se trouvait le récit d'une anecdote aussi touchante qu'originale ; la voici :

« C'était à la suite du combat de Palestro, où s'était si glorieusement illustré le 3ᵉ régiment de zouaves. La lutte avait été terrible. La terre était jonchée de morts et de blessés. On releva ces derniers, on leur prodigua les soins, on les transporta aux ambulances.

« Il y avait parmi eux un tout jeune Allemand, dont la jambe avait été traversée par une baïonnette ; il marchait péniblement et était sur le point de s'évanouir, lorsqu'un zouave l'aperçut.

« — Eh ! Kaiserlick, — lui cria-t-il, en accompagnant ses paroles d'une pantomime expressive et en se baissant pour se faire mieux comprendre, — pas de bêtises ! Grimpons sur ce petit Malakoff, et allons trouver le papa Bistouri ! »

« L'Autrichien comprit la pantomime et accepta avec bonheur l'offre de son adversaire. Il se hissa sur le dos du zouave et l'on se mit en route.

« Le soldat francais marchait avec précaution, pour ne pas secouer le blessé. Tout à coup il le sent s'agiter, remuer un bras ; puis il lui semble que quelque chose de froid s'appuie sur son cou.

« — Qu'est-ce que nous faisons donc là-haut ? reprend-il. Nous ne sommes donc pas sage ? Un peu de patience, voilà le cabinet du docteur. »

« Mais bientôt, il n'en peut douter, le blessé cherche à couper quelques cheveux sur sa nuque rasée de près.

« — Est-ce que tu es perruquier ! dit-il en riant et en retournant la tête.

« Et il s'arrêta un instant dans l'espoir sans doute d'une explication et d'une réponse.

« — Souvenir, Frantzouze, souvenir ! se hâta d'articuler l'Autrichien.

« Et le pauvre diable montrait au zouave ébahi une pincée de cheveux qu'il était parvenu à couper à l'aide de petits ciseaux qu'il avait difficilement tirés de sa poche.

« Le 3e zouaves a ri de bon cœur de cet accès de sensibilité. »

Ce n'est pas seulement sur le champ de bataille que le soldat français montre du courage ; partout et toujours il témoigne de son dévouement et de son abnégation. Une nouvelle preuve, entre autres, de cette vérité, tout à l'honneur de notre armée, a été communiquée au public, pendant la campagne d'Italie, par M. Dreys, capitaine commandant le 2ᵉ escadron du 8ᵉ hussards, dans une lettre datée du 10 juillet, au bivouac de Salouze, sous Peschiera :

« C'était au passage du Mincio, au moment où le 5ᵉ corps d'armée venait rejoindre l'empereur. Un hussard, faisant partie de l'escorte de S. A. I. le prince Napoléon, tombe dans la rivière ; le hussard Duchemin saute en bas de son cheval, quitte son sabre et se jette à la nage. Il est assez heureux pour sauver son camarade, qui se noyait.

« Le prince, sous les yeux duquel s'était accompli cet acte de courage et de dévouement, fait remettre une somme de cent francs au hussard Duchemin : celui-ci ne veut rien accepter pour lui et demande que cette somme soit versée à la souscription des soldats blessés dans les deux dernières batailles ; ce n'est qu'avec peine qu'on a pu obtenir qu'il conserve pour lui une faible partie de cette somme ; il a gardé vingt francs, et, par les soins de M. Dreys,

nous avons reçu un mandat de quatre-vingts francs
par la poste, somme que nous versons à la caisse
centrale de la souscription en faisant mettre en
regard de cette offrande le nom du brave et généreux hussard Duchemin. »

DEUXIÈME PARTIE

XIV.

Une survivante de Waterloo.

Il y a peu d'années vivait encore à Nantua, dans le département de l'Ain, une bonne vieille, presque centenaire, qui avait assisté à la bataille de Waterloo, le 18 juin 1815, et qui, à la suite de notre terrible défaite, avait, pendant plusieurs semaines, soigné un grand nombre de blessés français. Pour ce motif, elle fut appelée l'*infirmière de Waterloo* par un publiciste, qui rendit compte de la façon suivante d'une visite qu'il lui fit au mois d'août 1891 :

« A deux pas de l'église, devant une petite maison blanche, on m'indique une bonne vieille,

la *grand'mère*, comme on l'appelle, qui se chauffe
aux rayons du soleil de midi.

« L'infirmière de Waterloo porte les cheveux
courts. Son regard est clair, un peu dur même.
Sa figure est pleine et colorée. Il y a un mois à
peine, à ce qu'on me raconte, elle a parcouru
sans aide, par des sentiers difficiles, en s'ap-
puyant sur son bâton, la distance qui sépare le
village du Poisat de Saint-Germain-de-Joux, soit
près de dix kilomètres.

« Je m'approche et la salue. Elle lève la tête,
me répond du geste, puis la conversation s'en-
gage. Naturellement, j'amène la bonne femme à
parler de Waterloo.

« — Ah! oui, me dit-elle, Waterloo, Saint-
Amand, le moulin de Bry....

« C'était le cas de lui dire : « Parlez-nous de
lui, grand'mère! » Je n'y ai point manqué :

« — Grand'mère, avez-vous vu l'empereur à
Waterloo?

« — Napolione, dit-elle, — et elle prononce le
nom comme je l'écris, — Napolione est entré,
avec un aide de camp, dans notre moulin, la veille
de la bataille. Mon père, mes huit sœurs et moi,
nous étions au rez-de-chaussée. Napolione est
monté, par l'échelle, jusque sous le toit. Il est
resté longtemps à examiner les environs, avec sa

lunette, à travers les abat-vent, faisant parfois de courtes observations à son aide de camp.

« Quand il est redescendu, il a dit à mon père, en nous montrant mes sœurs et moi :

« — Vous devriez emmener ces enfants, car il y aura demain par ici une grande bataille....

« Puis, il est parti, et je ne l'ai pas revu, Napolione.

« — Et la bataille, vous rappelez-vous la grande bataille?

« — Oui, on s'est battu autour du moulin, toute la journée. Mes sœurs et moi, nous étions à demi mortes de peur. Nous n'avons pas pu quitter le moulin, parce que le pays était tout couvert de soldats. Les boulets et les balles passaient en sifflant sur le toit. Une fois, le moulin a été envahi par les Prussiens. Un officier a dit :

« — Perdus, les Français!

« Quelques instants après, on a rapporté cet officier. Il avait eu les jambes emportées par un boulet.

« La nuit venue, nous sommes sorties avec notre père, qui portait une lampe. On voyait des tas de morts. Mon père en a retourné plusieurs pour regarder le numéro de leur régiment. Nous avons ramené au moulin des blessés français. Ils demandaient tous à boire, en gémissant, en criant. C'était terrible. A la fin, il n'y avait plus, dans le puits du moulin, que du sang et de la boue. Pendant longtemps, nous avons soigné les blessés.

« Et, sur ces mots, Mme de Variola, — c'est le nom de la bonne vieille centenaire, — reste un instant comme abîmée dans ses souvenirs. Puis, la conversation reprend, mais moins suivie, car la pauvre vieille a des moments d'absence pendant lesquels elle mêle le français, le flamand et l'espagnol.

« Et maintenant, voici l'explication de la présence de Mme de Variola sur le champ de bataille de Waterloo :

« En 1792, le sieur Carpan, attaché à la maison de Marie-Antoinette, émigra en Belgique et acheta un domaine près de Saint-Amand. C'est là où naquit, le 2 germinal an II de la République (22 mars 1793), la bonne vieille que nous connaissons, qui fut inscrite aux registres de la paroisse, sous le nom de Marie-Josephte, et qui avait, par conséquent, près de vingt-deux ans lors de la bataille de Waterloo.

« Le moulin de Bry dépendait du domaine acheté par M. Carpan, qui, le 17 juin 1815, y conduisit ses filles peut-être pour leur montrer Napoléon Ier. Quoi qu'il en soit, M. Carpan et ses enfants ne purent quitter le moulin, d'où ils virent toute la bataille.

« Mlle Marie–Josephte Carpan épousa un noble espagnol, M. de Variola. Plus tard, ruiné par les guerres civiles, M. de Variola vint s'établir, en France, avec ses dernières ressources, qui lui permirent d'élever ses quatorze enfants. De ces quatorze enfants, huit sont encore vivants et ont de nombreuses familles, en sorte que Mme de Variola a maintenant des enfants de ses petits-enfants en âge de se marier.

« Ajoutons, pour terminer, que Mme de Variola, sans être dans la misère, manque de ce superflu si nécessaire aux vieillards. L'impératrice Eugénie s'était autrefois intéressée à l'infirmière de Waterloo. Ne pourrait-on pas lui donner une modeste pension ou un petit bureau de tabac?

« Ça lui permettrait d'acheter des croquettes de chocolat, qu'elle adore; car elle a encore de bonnes dents, comme elle a bon pied et bon œil. »

XV.

L'Expédition d'Espagne.

(1823.)

Depuis huit ans que Louis XVIII était rentré
en France et avait succédé à Napoléon Ier, le
gouvernement de la Restauration n'était pas encore parvenu à se faire accepter par la majorité
de la bourgeoisie et du peuple, qui regrettaient
toujours les gloires de la Révolution et de l'Empire.
Envoyer nos soldats en Espagne soutenir Ferdinand VII contre le parti constitutionnel, qui
menaçait de le détrôner, parut à quelques roya-
listes patriotes, selon l'expression de Chateaubriand, « une excellente occasion de replacer la
France au rang des puissances militaires, et de

réhabiliter la cocarde blanche. » Mais le parti libéral français ne vit dans cette expédition qu'une guerre faite, au nom de l'Europe et de la Sainte-Alliance, aux constitutionnels espagnols, et les libéraux avaient raison.

Cette nouvelle guerre d'Espagne fut donc impopulaire dès ses débuts; toutefois, malgré son impopularité, elle fut glorieuse pour nos soldats, et, à ce titre, elle mérite une mention.

Une armée de cent mille hommes fut envoyée envahir la péninsule, et mise sous le commandement du duc d'Angoulême qui, du quartier général de Bayonne, le 3 avril 1823, adressa aux troupes l'ordre du jour suivant :

« Soldats !

« La confiance du roi m'a placé à votre tête pour remplir la plus noble mission. Ce n'est point l'esprit de conquête qui nous a fait prendre les armes; un motif plus généreux nous anime : nous allons replacer un roi sur son trône, réconcilier son peuple avec lui, et rétablir, dans un pays en proie à l'anarchie, l'ordre nécessaire au bonheur et à la sûreté des deux Etats.

« Soldats ! vous respecterez et ferez respecter la religion, les lois et les propriétés, et vous me

rendrez facile l'accomplissement du devoir qui
m'est imposé de maintenir les lois et la plus
exacte discipline. »

Chateaubriand, l'auteur des *Martyrs* et du
Génie du Christianisme, a écrit un succinct compte
rendu de cette courte et glorieuse expédition. Nous
le lui empruntons :

« Le 7 avril, dit-il, la Bidassoa fut passée, et
le blocus de Saint-Sébastien commencé. Le
second corps de l'armée, commandé par le comte
Molitor, pénètre en même temps en Espagne, par
la vallée de Roncevaux. Les Français et les Italiens, réunis au pont de la Bidassoa, avaient crié,
à la vue de l'artillerie française : « Vive l'artillerie! » Le maréchal de camp Vallin répondit :
« Feu! » Ce mot décida du succès de la campagne; le génie de Louis XIV, de l'île de la
Conférence et des murs de Fontarabie semblaient
protéger les destinées de son petit-fils.

« Irun, Tolosa, Villafranca, Pancorbo, Vittoria,
Guetaria sont pris les 9, 10, 14 et 17 avril. Le
roi d'Espagne, enlevé de Madrid par les Cortès,
était arrivé à Séville.

« Figuières fut pris le 25 avril, et Olo, en
Catalogne, occupé le 3 mai. Logrono, en Aragon,
fit quelque résistance. Le 9 mai, le duc
d'Angoulême établit son quartier général à

Burgos, et le 17 à Buitrago, dans la Nouvelle-Castille.

« Mina, général espagnol, se battit bien, en voulant reprendre Vich. Le général Donadieu le poursuivit avec vivacité, intelligence et bravoure.

« Le général Bourke et le général La Rochejaquelein, le Balafré, continuèrent leur mouvement sur les Asturies.

« Le général Molitor, ayant en face Ballesteros, général espagnol, occupa le royaume de Valence.

« Le 24 mai, Mgr le duc d'Angoulême entra dans Madrid, à la tête du corps de réserve.

« Le 17 juin, le roi d'Espagne et sa famille, prisonniers, sont emmenés à Cadix. Le comte Bourdesoulle pénètre en Andalousie, occupe Cordoue, et le comte de Bourmont s'établit à Mérida, en Estramadure.

« Le maréchal comte Molitor arrive à Murcie. Il y eut, le 14 juillet, une affaire assez considérable à Lorca, emporté d'assaut par nos troupes.

« Le 18 août, nous étions arrivés devant l'île de Léon et au Trocadéro. Mgr le duc d'Angoulême était présent, Molitor à sa suite.

« Ballesteros s'approchait de Cadix par le royaume de Grenade, et Bordesoulle arrivait de l'autre côté par Estramadure. Les combats s'étaient multpliés, et une convention avait été conclue entre Ballesteros et Molitor.

« Le 19 août, la tranchée fut ouverte devant le Trocadéro. Le 31, le Trocadéro est enlevé, ainsi que le fort Saint-Louis. Il avait fallu traverser une coupure dont la largeur était de trente-cinq toises et la profondeur de quatre pieds et demi dans les plus basses eaux.... Son Altessse Royale montra de la valeur dans cette affaire, qui nous livra, pour ainsi dire, cette Espagne tout entière, échappée à la gloire et au génie de Napoléon.

« Le prince de Carignan, aujourd'hui roi de Sardaigne, traversa lui-même la coupure avec nos troupes. Il conserve encore dans son palais, et montre avec orgueil les épaulettes de grenadier dont il fut alors décoré par nos soldats (1).

« La tranchée fut ouverte, le 10 septembre, par le général Lauriston, devant Pampelune.

« Le duc d'Angoulême, voulant assiéger Cadix et s'emparer de l'île de Léon, enleva, le 20 septembre, le fort Santi-Pietri. Le 23, nos vaisseaux bombardèrent Cadix, et l'Angleterre, reine des

---

(1) Un autre roi de Sardaigne, le roi Victor-Emmanuel, fut, lui aussi, nommé, par le 3e zouaves, caporal de zouaves à la suite du combat de Palestro. C'est un fait curieux à constater.

mers, nous vit, sans oser le secourir, triompher dans son empire.

« Le 28, le duc d'Angoulême, visitant la ligne d'attaque contre l'île de Léon, s'exposa, pendant un long espace de onze cents toises, au feu des batteries espagnoles. Un boulet l'ayant couvert de débris, il dit : « Vous conviendrez, messieurs, « que si je suis tué, je finirai en bonne compa-« gnie et à la française ! »

« Pourquoi ce boulet le manqua-t-il?

« Le 1er octobre, menacées d'un siège dans Cadix, abandonnées de leurs armées, qui avaient capitulé, les Cortès, après diverses allées et venues, rendirent le pouvoir et la liberté à Ferdinand : il avait été, tour à tour, déclaré fou, déchu, captif; au bout de cette promenade à la Vitellius, il se retournait et revenait radieux. Roi de ses geôliers, accompagné de la reine, des princes et princesses de sa famille, il mit à la voile ses proues dorées, au bruit des salves d'artillerie de la place et de toute la côte. Au milieu des nuages de fumée, on eût dit un vainqueur qui sort triomphant d'une grande bataille. Le ciel était magnifique. A onze heures et demie, Ferdinand aborda le port Sainte-Marie. Il y fut reçu par Mgr le duc d'Angoulême. Le petit-fils de Louis XIV mit un genou en terre et présenta son épée à l'autre petit-fils du grand roi : beau spectacle à l'extrémité de l'Europe, au bord de cette mer, *la couche du soleil,*

Solisque cubilia cades.

« Ainsi fut accomplie la délivrance de Ferdinand sur le dernier rocher des Espagnes, dans le lieu même où la Révolution avait commencé. »

XVI.

Chute de Missolonghi.

(1826.)

Au commencement de notre siècle, la Grèce était encore au pouvoir des Turcs. A diverses reprises, elle avait bien essayé de chasser l'étranger de son territoire, mais, chaque fois, ses généreux efforts pour reconquérir son indépendance avaient échoué, et, depuis plus de trois cents ans, les Grecs subissaient, la rage au cœur, le joug du Sultan et des mahométans, qui les opprimaient.

Enfin, en 1821, *un soulèvement général éclata* sur tout le territoire hellénique, et les Turcs se trouvèrent bientôt en présence d'héroïques patriotes qui, pendant neuf ans, ne cessèrent de les combattre avec acharnement, ne se laissant décourager par aucun revers. Là, s'illustrèrent entre autres, Marco Botzaris, Kolocotrouï, Capo d'Istria, Constantin Kanaris, Miaoulis, Mavrocordato, Mavromichalis, etc.

Malgré tout leur héroïsme, les vaillants fils de la Grèce n'auraient probablement point pu encore cette fois se débarrasser du joug odieux des infidèles, si l'Europe n'avait fini par leur prêter son appui. La France, l'Angleterre et la Russie, vinrent, en effet, au secours des Grecs, et les flottes alliées triomphèrent de celle du Sultan dans la célèbre et glorieuse bataille de Navarin, en 1827. Cette victoire fut le prélude de la fin de la guerre. Les Turcs durent abandonner leurs prétentions sur le territoire hellénique, et, peu après, le 3 février 1830, l'existence de la Grèce comme monarchie indépendante fut reconnue et proclamée par l'Europe.

L'un des épisodes les plus héroïques de cette héroïque lutte de neuf années fut, sans contredit, le siège de Missolonghi, dont la défense et la chute glorieuse soulevèrent l'admiration du monde entier. Ce sont les derniers moments de ce siège célèbre qui font l'objet du présent chapitre. Bien que le récit que nous relatons ici n'appartienne point à l'histoire de France, il y eut cependant chez

Un soulèvement général éclata.

nous à cette époque un tel mouvement d'opinion
en faveur de la Grèce, au secours de laquelle
étaient déjà accourus un grand nombre de volon-
taires français bien avant que le gouvernement de
la Restauration se fût décidé à lui venir officiel-
lement en aide, que nous avons cru devoir extraire
cette narration de l'ouvrage de Gervinus, traduit
par Minsen et Sgonta.

« Un seul petit passage, presque imperceptible,
avait jusqu'alors échappé à la vigilance des Turcs ;
de petites barques s'en servaient quelquefois pour
porter de Petala un peu de blé dans la ville. C'était
par cette voie que Miaoulis avait encore pu
recevoir les nouvelles qui lui avaient annoncé la
position terrible des assiégés ; mais, à ce moment,
les Turcs découvrirent aussi ce passage, de sorte
que les dernières communications avec la ville se
trouvèrent coupées.

Miaoulis essaya de lutter contre la flotte, si
supérieure en force, mais tous ses efforts furent
infructueux. On voyait alors clairement, dans l'état
d'épuisement complet où se trouvait la Grèce,
quelle terrible punition le gouvernement allait
s'attirer par son ancienne négligence ; car, si dans
la dernière tentative faite pour ravitailler la ville,
on avait seulement envoyé le double ou le triple
de provisions, les ennemis auraient encore une

fois trouvé leur ruine devant ce boulevard remarquable. En effet, le superbe Satrape lui-même l'avoua à de Rigny, qui le questionnait au sujet du siège : « Vois-tu cette neige se fondre sur « ces hauteurs ? C'est ainsi que nous aurions fondu, « si Missolonghi eût reçu des approvisionnements « pour trois autres semaines ! »

« Mais, comme la ville ne les reçut pas, ce furent ses vaillants défenseurs qui fondirent comme la neige. Les hommes qui étaient encore bien portants erraient comme des spectres dans les rues de la ville, tandis que les malades succombaient par l'absence complète de tous soins. La chair d'animaux impurs était déjà devenue une friandise ; quant aux poissons et aux autres aliments que fournissait la mer, on ne pouvait plus se les procurer qu'en exposant sa vie : les algues que mangeaient ces pauvres gens exténués par la faim les affaiblissaient encore davantage par la dysenterie que produisait cette nourriture. Le froid s'ajouta encore à la famine. Des myriades de boulets et de bombes avaient changé la ville en un tas de décombres n'offrant plus le moindre abri ; on manquait de bois pour se chauffer ; le froid des nuits engourdissait les membres de ceux qui étaient encore les plus vigoureux parmi les défenseurs déguenillés.

« *Quelques jours encore*, écrivait le docteur Meyer, de Suisse, *et ces héros seront des fantômes sans corps !* Miaoulis avait formé le projet de prendre d'assaut les blockhauss de Vassiladi et de frayer, par un coup de main hardi, un chemin jusqu'à la ville à ses chaloupes chargées de provisions. Mais, avant qu'il pût mettre ce projet à exécution, les assiégés se virent obligés de se tirer d'affaire par d'autres moyens. Ibrahim, bien renseigné sur la position de la ville, offrit encore une fois les mêmes conditions sous lesquelles la ville d'Anatoliko s'était rendue, mais les Grecs les rejetèrent. Pleins de sang-froid, les Rouméliotes avaient pris la résolution de ne pas quitter la ville sans leurs armes ; ils décidèrent donc que, après avoir brûlé tout leur avoir, ils quitteraient pendant la nuit la ville, et que, en plaçant ceux des habitants qui ne pourraient se défendre au milieu de la colonne, ils se frayeraient, les armes à la main, un passage à travers le camp des ennemis. Cette résolution même ne fut prise qu'après de grands combats. C'était pour eux une pensée pleine d'amertume d'avoir à s'arracher à ce sol où ils avaient souffert des maux indicibles, auquel les rattachaient les sentiments les plus profonds et les pensées les plus vives, ainsi que le souvenir de tant de victimes chéries, et où chaque pierre était

teinte du sang de tant d'héroïques défenseurs.
Mais la dure nécessité ne leur laissa pas d'autre
choix. Des Albanais quittèrent la ville ; après avoir
réussi à se glisser à travers les rangs de leurs
compatriotes parmi les assiégeants, ils informèrent
Karaïskakis et les capitaines qui se trouvaient
alors à Platanos que les défenseurs de Missolonghi
abandonneraient la ville dans la nuit du 22 avril,
et qu'ils s'attendaient que Karaïskakis leur tendrait
la main par une diversion sur les derrières des
ennemis. Les capitaines promirent ce que malheureusement ils ne purent tenir. Il est vrai que, dans
la soirée du jour indiqué, on entendit des coups
de fusil dans la direction de la montagne, du côté
du couvent de Hagios-Siméon ; mais ils ne servirent qu'à réveiller mal à propos l'attention des
ennemis et à faire croire à tort aux amis qu'ils
trouveraient des secours efficaces.

« On jeta quatre ponts de planches sur le fossé
extérieur, en même temps qu'une patrouille
annonça à tout le monde à quel moment on quit-
terait la ville ; les sentinelles continuaient, comme
à l'ordinaire, à donner les signaux et à faire
entendre leurs cris habituels. A deux heures de la
nuit, tous se réunirent en grande masse près des
dernières batteries, à l'est de la ville. Les deux
mille cinq cents combattants étaient divisés en

trois corps, commandés par Kitsos Tsavelas, par Notis Botzaris et par Makris ; ils devaient accompagner et couvrir dans leur marche les garçons armés, les artisans sans armes et les femmes qui, habillées pour la plupart en hommes, portaient les petits enfants attachés à leur dos. Ceux-là seuls qui, par leur âge, par la maladie ou par leurs blessures, étaient empêchés de les suivre dans cette entreprise audacieuse et terrible, s'étaient enfermés dans les ruines d'un moulin à vent où se trouvait une partie des poudres.

« Mille soldats de la garnison se mirent à la tête de la colonne et se couchèrent silencieusement dans l'avant-fossé, en attendant le signal qui devait être donné sur la montagne. Puis, venaient les masses des habitants qui sans ordre se poussaient les uns les autres, franchissaient les ponts ; le reste des hommes armés fermait le cortège. A cet endroit, les indigènes s'arrêtèrent longtemps en faisant leurs adieux, qui déchiraient le cœur ; leurs lamentations ou bien le bruit qu'on fit en jetant les ponts réveillèrent les ennemis, qui dirigèrent une canonnade violente sur cet endroit, où s'effectuait la sortie. En vain ces malheureux attendaient ici le signal que devait donner Karaïskakis, jusqu'à ce que, enfin, pleins d'impatience, ils se mirent en marche. Notis prit avec sa troupe le chemin de

Bochori ; Makris se dirigea vers Anatoliko, tandis que Tsavelas suivit la ligne centrale. Toutes les trois troupes devaient se rejoindre à une lieue et demie de Missolonghi, dans la vigne de Rhasokossikos, sur le mont Zygos et sur la route de Hagios-Siméon. Mais à peine les colonnes se furent-elles ébranlées, que les indigènes qui venaient d'apercevoir les retranchements des ennemis firent entendre le cri de terreur : « En arrière ! » Tout à coup, les habitants de Missolonghi qui suivaient, et même quelques étrangers, sous la conduite de Georgios Tsavelas, rebroussèrent chemin et retournèrent vers la ville. Mais les autres franchirent avec une impétuosité irrésistible le fossé et les parapets et traversèrent le feu des ennemis.

« A une demi-lieue de la ville, les troupes, sous la conduite de Makris et de Kitsos-Tsavelas, rencontrèrent la cavalerie du Séraskier, de même que le corps de Notis se heurta contre les soldats d'Ibrahim, qui accourait de Bochari. Les deux derniers corps eurent peu à souffrir dans ce choc, tandis que la troupe de Makris fut presque anéantie.

« Après avoir réussi à traverser partout les rangs des ennemis, ils parvinrent dans différents endroits jusqu'au pied du Mont Zygos, où ils espéraient trouver les secours de leurs frères, qu'ils

attendaient là. Mais, à leur place, ils y rencontrèrent de nombreuses troupes d'Albanais qui les
poursuivirent jusque dans la montagne. De toutes
les femmes et des enfants qui avaient été entraînés
avec ces troupes, on ne put sauver qu'un petit
nombre, et même cinq cents combattants avaient
été tués dans cette sortie.

« Personne n'était venu au-devant des fugitifs
pour les secourir ; cinquante hommes seulement,
conduits par Drakos, vinrent leur apporter quelques vivres. Après avoir passé une nuit terrible
sur le sommet de la montagne, les malheureux
arrivèrent le lendemain dans la ville de Dervekista,
qui était dépouillée de tout, et où ils ne rencontrèrent que quelques hommes sous les ordres de
Kostas Botzaris, qui disaient, pour se justifier, que
les renforts attendus n'étant pas venus, ils n'avaient
rien pu entreprendre avec leur petit nombre.

Le lendemain, les fugitifs arrivèrent à Platanos,
où ils s'arrêtèrent pendant une semaine pour rallier
autour d'eux ceux des leurs qui avaient été dis-
persés ; puis ils se mirent en route pour Salona.
Des centaines de personnes moururent encore de
faim et d'épuisement pendant le trajet. De tous les
hommes armés qui avaient quitté Missolonghi,
treize cents seulement atteignirent ce lieu de refuge
et de salut.

« Un sort plus terrible attendait ceux qui étaient restés dans Missolonghi ou qui y étaient retournés. Les Musulmans avaient pénétré dans la ville à la suite des indigènes qui y étaient rentrés dans leur fuite. Les hommes tombèrent sous les armes des ennemis ; les femmes et les enfants furent faits prisonniers et menés ensuite sur les marchés ; seuls, les hommes, sous les ordres de Georgios Tsavelas, se frayèrent un chemin les armes à la main, jusqu'à Bochari, et s'échappèrent en partie.

« Dans l'intérieur de la ville, les ennemis commencèrent à piller et à tuer les Grecs avec une telle ardeur et une telle fureur, que les Turcs et les Egyptiens s'attaquèrent les uns les autres pour s'arracher le butin, jusqu'à ce que ces derniers parvinssent enfin à chasser leurs rivaux hors de la ville. Pendant toute la nuit on entendit les hurlements des conquérants et les cris des chrétiens qui furent massacrés par eux, ainsi que le bruit des explosions qui ensevelirent les vainqueurs et les vaincus.

« Les Grecs mirent d'abord le feu aux poudres placées sous le bastion de Botzaris, qui sauta en écrasant un grand nombre de Musulmans. De la même manière on fit sauter aussi successivement tous les hôpitaux, où périrent, avec les amis, les ennemis qui y pénétraient. Le moulin à vent fut défendu jusqu'au 24, où l'on mit le feu aux matières combustibles qui y étaient entassées.

« Parmi les hommes notables qui venaient de tomber, on comptait les capitaines *Stournaris* et *Sadimos*, l'ingénieur *Kokinis*. L'évêque Joseph, ordinairement appelé *Rhogon-Joseph*, du nom de son évêché, avait jeté une torche dans un baril rempli de cartouches, au moment où les ennemis pénétraient dans la ville ; à demi-brûlé, il fut saisi et décapité. La fin du vieux primat *Kapsalis* fut admirable. La veille du départ des défenseurs de la ville, il avait vu mourir sa femme dans les plus grandes souffrances, mais il n'avait pas versé de larmes ; il avait, au contraire, exhorté son fils éploré à se réjouir plutôt de voir sa mère échapper à la captivité ; puis, il l'avait pressé de se sauver avec ceux qui partaient, tandis qu'appuyé sur son bâton, il parcourait lui-même les rues, ordonnait à tous les malades et à tous les vieillards qui écoutaient son appel de le suivre ; il s'enferma ensuite avec eux dans la manufacture de cartouches, où tous chantèrent des hymnes religieuses et des chants patriotiques en attendant l'entrée des ennemis, avec lesquels ils s'ensevelirent sous les mêmes ruines.... »

XVII.

Prise de Sébastopol.

(8 septembre 1855.)

Les Russes ayant envahi, pendant l'été de 1853, deux provinces de l'empire ottoman à qui les puissances européennes garantissaient l'intégrité de son territoire, la France et l'Angleterre furent amenées à déclarer la guerre au czar le 27 avril 1854.

Les vaisseaux des deux puissances entrèrent dans la mer Noire, et leurs troupes débarquèrent en Crimée.

A la suite des victoires de l'Alma (20 septembre) et d'Inkermann (5 novembre), l'armée alliée vint assiéger Sébastopol, la plus formidable forteresse de la Russie méridionale. Le siège fut long et pénible : il dura du 29 septembre 1854 au 8 septembre 1855, presque un an. Cependant Sébastopol tomba en notre pouvoir, après un dernier et mémorable assaut, et la paix fut signée à Paris le 30 mars 1856. C'est ce dernier assaut que nous allons rappeler à nos lecteurs d'après le rapport du général Pélissier, commandant en chef de l'armée de siège.

Toutefois, disons encore auparavant que Sébastopol, dont la fondation remonte à 1786, est située sur l'emplacement d'un ancien village tartare appelé *Akhtiar;* aussi les Tartares lui ont-ils conservé ce nom.

Elle est construite en amphithéâtre. Une longue rue s'étend parallèlement au grand port de Karabelnaïa. Du sommet des falaises crayeuses, taillées à pic, qui dominent la rade, on découvre le port et tous les édifices de la ville, arsenaux, magasins de munitions, chantiers et arsenaux de construction. En 1831, l'empereur Nicolas y fit élever les forts Constantin, Alexandre et les formidables batteries de Paul et de l'Amirauté.

Le 17 octobre 1854, une attaque combinée des forces alliées par terre et par mer ayant échoué, on dut renoncer à l'espoir d'enlever de vive force ces remparts, dans lesquels il était d'autant plus difficile de faire brèche que la plus grande partie de la place était couverte par des parapets de terre et offrait à nos coups, non une ville régulièrement fortifiée, mais un vaste camp retranché tirant sa force de l'irrégularité même de ses défenses plutôt naturelles qu'artificielles. Il fallut entreprendre un siège en règle, pendant lequel cette ville fut canonnée et bombardée pendant cent vingt-deux jours. Enfin, elle tomba en notre pouvoir le 8 septembre 1855. Voici les passages les plus importants du rapport adressé au ministre de la guerre par le général Pélissier au sujet de la prise de Sébastopol :

« .... D'un commun accord, dit-il, nous nous étions arrêtés, le général Simpson (de l'armée anglaise) et moi, à l'heure de midi, pour donner l'assaut. L'heure choisie avait plusieurs avantages : elle nous donnait des chances favorables pour espérer de surprendre brusquement l'ennemi, et, dans le cas où l'armée russe de secours aurait voulu faire une tentative désespérée pour dégager la place, il lui eût été impossible de prononcer avant la fin du jour un mouvement vigoureux contre nos lignes ; quel que fût le résultat de l'attaque, nous avions jusqu'au lendemain matin pour aviser.

« Dans la matinée du 8, l'artillerie de nos

attaques de gauche, qui, depuis le 5, au point du jour, avait entretenu un feu violent, continua d'écraser l'ennemi de ses projectiles; aux attaques de droite, nos batteries tirèrent vivement aussi, mais en continuant soigneusement les allures qu'elles avaient prises quelques jours auparavant en vue de ce qui devait se passer.

« Vers huit heures, le génie avait lancé sur le bastion central deux mines de projection chargées chacune de cent kilogrammes de poudre, et, à la même heure, il avait fait jouer en avant de nos cheminements, sur le front de Malakoff, trois fourneaux chargés ensemble de quinze cents kilogrammes de poudre, afin de rompre les galeries inférieures du mineur russe.

« La possession du système devait décider du gain de la journée; les autres attaques lui avaient été subordonnées, et il était entendu avec le général Simpson que les Anglais ne se porteraient sur le grand redan qu'au signal que je lui ferais que nous étions assurés de Malakoff. De même, le général de Salles ne devait lancer ses troupes qu'au moment que je lui indiquerais par un autre signal.

« Un peu avant midi, toutes les troupes étaient parfaitement en ordre sur les points indiqués, et les autres dispositions étaient ponctuellement exécutées.

« Le général de Salles était prêt ; le général Bosquet était au poste de combat qu'il avait choisi dans la sixième parallèle ; et moi-même, j'étais arrivé avec les généraux Thiry, de l'artillerie, Niel, du génie, et de Martimprey, mon chef d'état-major général, à la redoute Brancion, que j'avais prise pour quartier général.

« Les montres avaient été réglées. A midi juste, toutes nos batteries cessèrent de tonner pour reprendre un tir plus allongé sur les réserves de l'ennemi. A la voix de leurs chefs, les divisions de Mac-Mahon, Dulac et de Lamothe-Rouge sortent des tranchées. Les tambours et les clairons battent et sonnent la charge, et, au cri de : *Vive l'empereur !* mille fois répété sur toute la ligne, nos intrépides soldats se précipitent sur les défenses de l'ennemi. Ce fut un moment solennel.

« La première brigade de la division Mac-Mahon, le 1ᵉʳ de zouaves en tête, suivi du 7ᵉ de ligne, ayant à sa gauche le 4ᵉ chasseurs à pied, s'élance contre la face gauche et le saillant de l'ouvrage Malakoff. La largeur et la profondeur du fossé, la hauteur et l'escarpement des talus rendent l'ascension extrêmement difficile pour nos hommes ; mais enfin ils parviennent sur le parapet, garni de Russes, qui se font tuer sur la place et qui, à défaut de fusils, se font armes de pioches, de pelles,

de pierres, d'écouvillons, de tout ce qu'ils trouvent
sous la main. Il y eut là une lutte corps à corps,
un de ces combats émouvants dans lequel l'intrépidité de nos soldats et de leurs chefs pouvait seule
leur donner le dessus. Ils sautent aussitôt dans
l'ouvrage, refoulent les Russes, qui continuent de
résister, et peu après, le drapeau de la France
était planté sur Malakoff pour ne plus en être
arraché.

« A droite et à gauche, avec ce même élan qui
avait renversé tous les obstacles et refoulé au loin
l'ennemi, les divisions Dulac, de Lamothe-Rouge,
entraînées par leur chef, s'étaient emparées du
petit redan, du carénage et de la courtine, en
poussant même jusqu'à la seconde enceinte en
construction. Mais ce premier et éclatant succès
avait failli nous coûter bien cher. Frappé d'un
gros éclat de bombe au côté droit, le général
Bosquet avait dû quitter le champ de bataille.
J'avais confié le commandement au général Dulac,
qui a été parfaitement secondé par le général de
Liniers, chef d'état-major au 2ᵉ corps.

« Le génie, qui avait marché avec les colonnes
d'assaut, était déjà à l'œuvre, comblait les fossés,
ouvrait les passages, jetait des ponts. La seconde
brigade du général de Mac-Mahon s'avançait
rapidement pour le renforcer dans Malakoff. Je fis

le signal convenu avec le général Simpson pour l'attaque du grand redan et un peu plus tard pour l'attaque de la ville.

« Les Anglais avaient deux cents mètres à franchir sous un terrible feu de mitraille. Cet espace fut bientôt jonché de morts ; néanmoins, ces pertes n'arrêtaient pas la marche de la colonne d'attaque qui se dirigeait sur la capitale de l'ouvrage. Elle descendit dans le fossé, qui a près de cinq mètres de profondeurs, et, malgré tous les efforts des Russes, elle escalada l'escarpe et enleva le saillant du redan. Là, après un premier engagement qui coûta cher aux Russes, les soldats anglais ne trouvaient devant eux qu'un vaste espace libre criblé par les balles de l'ennemi, qui se tenait abrité derrière des traverses éloignées. Ceux qui arrivaient remplaçaient à peine ceux qui étaient mis hors de combat. Ce n'est qu'après avoir soutenu pendant près de deux heures ce combat inégal, que les Anglais se décidèrent à évacuer le redan. Ils le firent en si ferme contenance, que l'ennemi n'osa pas s'avancer sur leurs pas.

« Cependant, à la gauche, au signal convenu, les colonnes de la division Levaillant, commandées par les généraux Couston et Trochu, se précipitaient tête baissée sur le flanc gauche. Malgré une grêle de balles et de projectiles, et après une lutte très vive, l'élan et la vigueur de ces braves troupes triomphèrent d'abord de la résistance de l'ennemi et, malgré les difficultés accumulées devant elles, elles pénétrèrent dans les deux ouvrages. Mais l'ennemi, replié derrière des traverses successives, tenaient ferme partout. Une fusillade meurtrière partait de toutes les crêtes ; des pièces démasquées au moment même et des canons de campagne amenés sur plusieurs points vomissaient la mitraille et décimaient les nôtres. Les généraux Couston et Trochu, qui venaient d'être blessés, avaient dû remettre leur commandement ; les généraux Rivet et Breton étaient tués ; plusieurs fougasses que l'ennemi fit jouer produisirent un moment d'hésitation ; enfin, un retour offensif fait par de nombreuses colonnes russes força nos troupes à abandonner les ouvrages qu'elles avaient enlevés et à se retirer dans nos places d'armes avancées.

« Nos batteries de cette partie des attaques, habilement dirigées par le général Lebœuf auquel le contre-amiral Rigault de Genouilly prêtait, comme toujours, son concours si dévoué et si éclairé, modifièrent leur tir en l'activant et forcèrent l'ennemi à s'abriter derrière ses parapets. Le général de Salles, faisant avancer la division d'Autemare, préparait pendant ce temps une seconde et redoutable attaque ; mais nous étions assurés de la possession de Malakoff, je lui fis dire de ne pas la lancer.

« La possession de cet ouvrage nous était cependant énergiquement disputée.

« Au moyen des batteries de la *Maison-en-Croix*, de l'artillerie de ses vapeurs, des canons de campagne amenés sur des points favorables et des batteries du nord de la rade, l'ennemi nous inondait de mitraille, de projectiles de toute nature, et portait le ravage dans nos rangs. Le magasin à poudre de la batterie russe de la poterne venait de faire explosion, en augmentant nos pertes et en faisant disparaître un moment l'aigle du 91ᵉ. Bon nombre d'officiers supérieurs et autres étaient tués ou blessés. Les généraux de Saint-Val et de Marolles sont morts glorieusement, et les généraux Mellinet, de Pontevès et Bourbaki avaient été blessés à la tête de leurs troupes. Trois fois les divisions Dulac et de Lamothe-Rouge s'emparent du redan et de la courtine, et trois fois elles sont obligées de se replier devant un feu terrible d'artillerie et devant les masses profondes qu'elles trouvent devant elles. Cependant les deux batteries de campagne en réserve au Lancastre descendent au trot, franchissent les tranchées, s'établissent audacieusement à demi-portée de canon et parviennent à éloigner les colonnes ennemies et les vapeurs. Une partie de ces deux divisions, soutenue dans cette lutte héroïque par les troupes de la garde, qui s'est couverte de gloire dans cette journée, s'établit alors sur toute la gauche de la courtine, d'où l'ennemi ne la chassera plus.

« Durant ces combats renouvelés de la droite et du centre, les Russes redoublaient d'efforts pour reconquérir Malakoff. Cet ouvrage, qui est une sorte de citadelle en terre de cent cinquante mètres de largeur, armé de soixante-deux pièces de divers calibres, couronne un mamelon qui domine tout l'intérieur du faubourg de Karabelnaïa, prend de revers le redan attaqué par les Anglais, n'est qu'à douze cents mètres du port du Sud, et menace, non seulement le seul mouillage resté aux vaisseaux, mais encore la seule voie de retraite des Russes, le pont jeté par eux d'une rive à l'autre de la rade.

« Aussi, pendant les premières heures de cette lutte des deux armées, les Russes renouvelèrent-ils constamment leurs tentatives. Mais le général de Mac-Mahon avait reçu successivement, pour résister à ces combats incessants, la brigade Vinoy, de sa division, les zouaves de la garde, la réserve du général de Wimpfen et une partie des voltigeurs de la garde ; partout il fit tête à l'ennemi, qui fut toujours repoussé. Les Russes voulurent faire cependant une tentative dernière et désespérée : formés en colonnes profondes, ils assaillirent par trois fois la gorge de l'ouvrage, et trois fois ils furent obligés de se retirer, et avec des pertes énormes, devant la solidité de nos troupes.

« Après cette dernière lutte, qui se termina vers cinq heures du soir, l'ennemi parut décidé à abandonner la partie, et ses batteries seules continuèrent jusqu'à la nuit à nous envoyer quelques projectiles qui ne nous firent pas beaucoup de mal.

« Les détachements du génie et de l'artillerie qui, pendant le combat, s'étaient ou bravement battus ou activement employés à leur mission spéciale, se mirent aussitôt à l'œuvre, sous la direction de leurs officiers, pour exécuter les travaux urgents dans l'intérieur de l'ouvrage.

« D'après mes ordres, les généraux Thiry et Niel faisaient prendre par les généraux Beuret et Frossard, commandant l'artillerie et le génie du 2ᵉ corps, toutes les dispositions propres à nous consolider définitivement dans Malakoff et sur la partie de la courtine restée en notre pouvoir, de manière à résister, au besoin, à une attaque nocturne de l'ennemi, et à être en mesure de lui faire évacuer le lendemain le petit redan du carénage, la *Maison-en-Croix* et toute cette portion de ses défenses.

« Ces dispositions devinrent inutiles. L'ennemi, désespérant de reprendre Malakoff, venait de s'arrêter à un grand parti : il évacuait la ville.

« Vers la fin du jour, j'en avais eu le pressentiment ; j'avais vu de longues files de troupes et de bagages défiler sur le pont en se rendant sur la rive nord ; bientôt des incendies se manifestant sur tous les points levèrent tous nos doutes. J'aurais voulu pousser en avant, gagner le pont et fermer la retraite à l'ennemi ; mais l'assiégé faisait à tout moment sauter ses défenses, ses magasins à poudre, ses édifices, ses établissements ; ces explosions nous auraient détruits en détail et rendaient cette pensée inexécutable ; nous restâmes en position, attendant que le jour se fît sur cette scène de désolation.

« Le soleil, en se levant, éclaira cette œuvre de destruction, qui était bien plus grande encore que nous ne pouvions le penser ; les derniers vaisseaux russes mouillés la veille dans la rade étaient coulés ; le pont avait été replié ; l'ennemi n'avait conservé que ses vapeurs, qui enlevaient les derniers fugitifs, et quelques Russes exaltés qui cherchaient encore à promener l'incendie dans cette malheureuse ville. Mais bientôt ces quelques hommes, ainsi que les vapeurs, furent contraints de s'éloigner et de chercher un refuge dans les anses de la rive nord de la rade. Sébastopol était à nous.... »

XVIII.

Les Français en Chine. — Bataille de Pa-li-Kao
et prise du Palais d'Été.

(Septembre et octobre 1859.)

Le 24 septembre 1844, nous avions conclu un
traité de commerce avec la Chine, qui s'était
alors résolue à signer des conventions de même
nature avec l'Angleterre, les autres nations maritimes de l'Europe et les Etats-Unis d'Amérique.
Quatorze ans plus tard, par suite de la violation
de ces traités et de sévices graves exercés sur
nos nationaux, la France se joignit à l'Angleterre
pour imposer aux Chinois l'observation de la foi
jurée.

Une première fois, en janvier 1858, les escadres

anglaise et française allèrent bloquer la rivière de Canton, puis un corps de cinq mille Anglais et de quinze cents Français s'empara de Canton, et, à la fin de mai, après avoir enlevé de vive force les forts de Peï-Ho, les alliés étaient arrivés à trois jours de marche de Pékin.

Effrayé par nos succès, et afin de ne pas exposer sa capitale à tomber entre les mains des Européens, l'empereur de la Chine se hâta de demander la paix et d'accorder toutes les satisfactions désirables.

Signé à Tien-Tsin, le 27 juin 1858, le traité de paix fut rompu, dès l'année suivante, par suite de l'obstination de l'empereur chinois à refuser de recevoir à Pékin les ambassadeurs français et anglais chargés de lui en apporter la ratification.

L'effectif du corps expéditionnaire, destiné à soutenir les droits des deux puissances alliées, fut cette fois de huit mille Français et de douze mille Anglais, commandés par les généraux Cousin de Montauban et Grant. Le débarquement eut lieu en mai et en juin, et les opérations militaires furent rapidement conduites. Comme dans la première expédition, la capitale de l'empire chinois fut l'objectif des alliés. Après la prise de Tien-Tsin et diverses escarmouches, ils en étaient déjà à proximité au mois de septembre.

C'était une série de pavillons, de pagodes et de galeries.

L'empereur chinois avait groupé ses meilleures troupes, autour de sa capitale, pour la défendre. Une armée nombreuse, dont faisaient partie environ trente mille intrépides cavaliers tartares, attendait les Européens à peu de distance de Pékin. Les alliés livrèrent bataille et défirent complètement les Chinois, qui perdirent trois mille hommes. Les Anglais et Français n'eurent que cinquante tués. Cela dit tout sur l'inégalité des armes et de l'habileté à s'en servir.

« Cette journée du 21 septembre fut appelée la bataille de Pa-li-Kao, du nom d'un pont du grand canal qui joint le Peï-Ho à Pékin. »

Les alliés avancèrent alors librement sur Pékin. « Ils n'étaient plus qu'à six kilomètres de la capitale chinoise, dit Henri Martin, et apercevaient de loin, par-dessus ses longues murailles, ses nombreux et bizarres monuments. A la nouvelle que l'armée tartare s'était retirée sur la résidence impériale appelée le Palais d'Eté, à dix kilomètres de Pékin, on se porta de ce côté. Ni les Tartares, ni la cour impériale, n'avaient attendu les alliés. On pénétra dans le palais. Ce n'était pas un édifice unique, un Versailles; c'était, à la suite du palais principal, où résidait l'empereur, toute une série de pavillons, de pagodes et de galeries, semés au bord des lacs, au milieu d'admirables jardins qui, pendant quatre lieues, couvraient l'horizon à perte de vue. Les premiers qui entrèrent dans ces lieux féeriques furent éblouis comme par une vision des *Mille et une Nuits*.

Dans ces constructions de marbre blanc, aux toits de tuiles vernies, étaient amoncelées des richesses incalculables en métaux précieux, en pierreries, en jade et autres roches les plus rares, en soieries, en émaux, en bronzes; la valeur matérielle de ces trésors était encore bien au-dessous de l'immense intérêt qu'offrait, au point de vue de l'art et de la science, cette multitude prodigieuse de statues, de peintures, de vases, de meubles sculptés et laqués, de manuscrits anciens.

« Un prince éclairé, un contemporain de Louis XIV, l'empereur Kang-Hi, avait réuni là une foule de monuments de l'antiquité chinoise, les œuvres les plus remarquables de l'art étrange, original, ingénieux, qui avait signalé les époques les plus florissantes de la Chine, et qui avait baissé depuis, avec des documents inappréciables pour l'histoire de l'Asie; le peuple chinois, au contraire des Indiens, avait toujours eu le goût de l'histoire.

« Les objets qui parurent les plus précieux

comme curiosités furent mis à part, d'après l'ordre des généraux français et anglais, pour être offerts, les uns à l'impératrice et à l'empereur, les autres à la reine d'Angleterre. Le reste fut livré à un pillage universel. On déchira, on brisa ce qu'on ne pouvait emporter. On devait bientôt faire pis encore! Quand on sut que nos parlementaires avaient été l'objet de traitements d'une odieuse cruauté, et que plusieurs d'entre eux y avaient succombé, le plénipotentiaire anglais, lord Elgin, d'accord avec le général Grant, ordonna l'incendie et l'entière destruction du Palais d'Eté. Le plénipotentiaire et le général français refusèrent de s'associer à cet acte d'inconcevable barbarie par lequel on prétendait punir une conduite perfide et barbare. Cet acte, cependant, s'accomplit, du moins quant au palais principal et à ses alentours. Les trésors accumulés, pendant des siècles, par une vieille civilisation, furent anéantis en quelques heures par les représentants de la moderne civilisation européenne. Etrange manière de porter le progrès et d'apprendre le respect de l'humanité aux Orientaux!... »

La Chine s'empressa de solliciter la paix et de la signer; nos soldats n'allèrent donc pas plus loin que le Palais d'Eté et n'entrèrent pas à Pékin. Leur général fut créé *comte de Pa-li-Kao* par Napoléon III. Voici la partie la plus intéressante du rapport qu'il adressa au ministre de la guerre, en France, au sujet de la prise du Palais d'Eté par les troupes alliées :

« Le 5 octobre, dit le général de Montauban, l'armée a quitté la position qu'elle occupait à Pa-li-Kao pour se porter sur Pékin.

« Je suis allé asseoir mon camp, le jour même, dans un grand village, à trois lieues en avant de Pa-li-Kao, direction de Pékin, dont je n'étais plus qu'à six mille mètres environ ; de mon camp, on découvrait parfaitement la ville, ainsi que je l'avais su par une grande reconnaissance que j'avais fait faire la veille. Quelques cavaliers tartares étaient en vue de mes avant-postes, mais ils n'approchèrent pas.

« Le 6 au matin, nous reprimes, le général anglais et moi, notre marche sur Pékin, après nous être formés sur deux colonnes chacun, car le pays est très couvert, et traversé dans tous les sens par des routes, dont quelques-unes sont carrossables, et d'autres aboutissent à des impasses ; je n'ai jamais vu de pays plus difficile pour des colonnes marchant avec de grosse artillerie.

« Après deux heures d'une marche assez pénible, nous arrivâmes à deux mille mètres de l'angle nord-est de Pékin ; nous fîmes la grande halte, et nous lançâmes des reconnaissances dans plusieurs directions autour de la ville.

« Des Chinois, interrogés, nous dirent qu'il existait, vers la direction ouest de la ville, qui a un mur de sept mille mètres de ce côté, un grand camp tartare de dix mille hommes.

« Nous nous mîmes en marche immédiatement sur ce camp, dont nous apercevions le parapet en terre ; nous marchions à la même hauteur avec le général anglais ; il devait attaquer la droite et moi la gauche. La colonne Colineau devait tourner la gauche du camp, les Anglais tourner la droite, et le général Jamin attaquer le front ; le camp a été évacué dans la nuit.

« Le général Grant me fit alors prévenir que ses espions l'informaient que l'armée tartare s'était retirée à Yuen-Min-Yuen, magnifique résidence impériale, à un mille et demi du point où nous étions, et il me proposait de marcher contre elle ; l'heure était peu avancée, les troupes n'étaient pas fatiguées, elles étaient pleines d'ardeur, et un mille et demi, dans ces conditions, devait être promptement franchi.

« Après une marche assez longue et difficile, nous arrivâmes à sept heures au village de Yuen-Min-Yuen ; nous suivions une route en dalles de

granit, et nous traversâmes un pont magnifique,
qui conduit au château impérial, situé à deux
cents mètres du pont, et dont l'entrée est en face;
la route, entre le pont et le palais, est bordée à
gauche d'arbres épais et d'une belle venue; à
droite, une grande place à laquelle s'appuie une
rangée de belles maisons, habitations des principaux mandarins.

« Avant de m'établir au bivouac, je voulus
faire fouiller l'entrée du palais, qui était fermée
par une porte très solide et par des barrières à
droite et à gauche; on prétendait que les Tartares
étaient dans les cours et dans les jardins, derrière
ces portes.

« J'envoyai de suite deux compagnies d'infanterie de marine pour fouiller l'entrée du palais et
le bois en arrière, ainsi que mon officier d'ordon-
nance, le lieutenant de vaisseau de Pina.

« Cet officier, entendant du bruit dans l'inté
rieur, fit sommer d'ouvrir les portes, et, voyant
que personne ne répondait, il fit apporter une
échelle et escalada le mur, suivi par M. Vitesson,
enseigne de vaisseau. A peine étaient-ils sur la
crète, qu'ils reconnurent les Tartares armés de
piques, de flèches, de fusils, qui paraissaient
vouloir défendre la porte.

« A l'aspect des officiers, ces hommes se reti

rèrent, et M. de Pina franchit le mur afin d'ouvrir la porte à la troupe.

« En ce moment, les Tartares revinrent sur M. de Pina, et une lutte s'engagea entre lui et les nommes qui accouraient. Il soutint bravement cette attaque, tira quelques coups de revolver et fut blessé à la main gauche et au poignet droit. Les soldats d'infanterie de marine vinrent à son secours et à celui de leur officier, M. de Vivonne, qui avait reçu une balle dans le côté, et les Tartares, après une résistance inutile, prirent la fuite en désordre, laissant derrière eux trois des leurs tués et emmenant plusieurs blessés.

« Le bruit de la fusillade m'ayant attiré, je fis venir le général Collineau et je fis occuper fortement la première cour du palais, ne voulant pas pénétrer plus avant, pendant la nuit, dans un lieu inconnu. Sept ou huit cents Tartares, qui se trouvaient derrière les palais successifs aboutissant au bois, auraient pu tenter d'inquiéter nos hommes. La nuit se passa sans événements, et le lendemain, de grand matin, je me rendis au palais accompagné des généraux Jamin et Collineau, de mon chef d'état-major et du brigadier anglais Fattle, avec lequel étaient le major Sley, des dragons de la reine, et le colonel Fouley; une compagnie d'infanterie nous précédait pour assurer

notre marche, mais les palais étaient complète
ment évacués par les Tartares.

« Je tenais à ce que nos alliés fussent repré
sentés dans cette première visite au palais, que je
soupçonnais devoir renfermer de grandes richesses.
Après avoir visité des appartements, dont la splen-
deur est indescriptible, je fis placer partout des
sentinelles, et je désignai deux officiers d'artillerie pour veiller à ce que personne ne pût
pénétrer dans le palais, et pour que tout fût
conservé intact jusqu'à l'arrivée du général Grant,
que le brigadier Fattle fit prévenir de suite.

« Les chefs anglais arrivés, nous nous concer-
tâmes sur ce qu'il convenait de faire de tant de
richesses, et nous désignâmes, pour chaque
nation, trois commissaires chargés de faire mettre
à part les objets les plus précieux comme curiosités, afin qu'un partage égal en fût fait. Il eût été
impossible de songer à emporter la totalité de ce
qui existait, nos moyens de transport étant très
bornés.

« Un peu plus tard, de nouvelles fouilles ame-
nèrent la découverte d'une somme d'environ huit
cent mille francs en petits lingots d'or et d'argent;
la même commission procéda également au partage entre les deux armées, ce qui constitua une
part de prise d'environ quatre-vingts francs pour

chacun de nos soldats ; la répartition en a été faite par une commission composée de tous les chefs de corps et de service, présidée par M. le général Jamin. La même commission, réunie et consultée au nom de l'armée, déclara que celle-ci désirait faire un cadeau, à titre de souvenir, à S. M. l'empereur, de la totalité des objets curieux enlevés dans le palais, ainsi qu'à S. M. l'impératrice et au prince impérial.

« L'armée a été unanime pour cette offrande au chef de l'Etat, qui la conservera comme un souvenir de reconnaissance de ses soldats, pour l'expédition la plus lointaine qui ait jamais été entreprise.

« Au moment du partage entre les deux armées, j'ai tenu, au nom de l'empereur, à ce que lord Elgin fît le premier choix pour S. M. la reine d'Angleterre.

« Lord Elgin a choisi un bâton de commandement de l'empereur de Chine, en jade vert du plus grand prix, et monté en or. Un second bâton, semblable en tout à celui-ci, ayant été trouvé, lord Elgin, à son tour, a voulu qu'il fût pour S. M. l'empereur. Il y a donc eu parité parfaite dans ce premier choix.

« Il me serait impossible, monsieur le maréchal, de vous dire la magnificence de constructions nombreuses qui se succèdent sur une étendue de quatre lieues, et que l'on appelle le Palais d'Eté de l'empereur : succession de pagodes renfermant toutes des dieux d'or et d'argent ou de bronze d'une dimension gigantesque. Ainsi, un seul dieu en bronze, un Bouddha, a une hauteur d'environ soixante-dix pieds, et tout le reste est à l'avenant : jardins, lacs et objets entassés depuis des siècles dans des bâtiments en marbre blanc couverts de tuiles éblouissantes, vernies et de toutes couleurs ; ajoutez à cela des points de vue d'une campagne admirable, et Votre Excellence n'aura qu'une faible idée de ce que nous avons vu.... »

XIX.

Palestro.

(31 mai 1859.)

Dans la première partie de ce volume, nos lecteurs ont déjà vu quel fut l'héroïsme déployé par le 3e zouaves au combat de Palestro (Piémont). Plusieurs incidents de cette sanglante et glorieuse journée ont été rappelés dans les causeries du bivouac.

Afin de leur donner une idée de l'ensemble de cette lutte du 31 mai, dans laquelle les zouaves et le roi Victor-Emmanuel se sont couverts de gloire, voici un passage d'une lettre écrite de Palestro le lendemain du combat par un officier témoin de toutes les péripéties de la journée :

« Après avoir été battus le 30 par l'armée piémontaise à Palestro, les Autrichiens, écrivait-il, l'ont été, le 31 par la division Cialdini et le 3ᵉ de zouaves, mais cette fois, ils ont payé cher leur folle tentative contre notre armée. Le 5ᵉ corps passait la Spezzia sur trois ponts jetés sur les trois bras du fleuve ; rien ne pouvait faire présager une attaque, lorsque, vers dix heures, et quand une division seulement avait traversé, quelques coups de canon, suivis bientôt de beaucoup d'autres, firent penser que l'ennemi se présentait en force pour couper les ponts et interrompre les communications entre la division du 3ᵉ corps.

« Ce qui nous fortifiait dans cette supposition, c'était la direction qu'il avait suivié dans sa marche et qui le rapprochait de la rive gauche de la Spezzia en un point où un coude du fleuve lui permettait de voir les ponts et de les enfiler. La division Cialdini, qui était établie au bivouac en avant de Palestro, prit les armes au premier signal de l'attaque, et bientôt les tirailleurs des deux côtés furent face à face et commencèrent un feu roulant de mousqueterie auquel se mêlait la grosse voix du canon, qui nous envoyait des projectiles jusque dans nos colonnes massées qui venaient de traverser la Spezzia.

« C'est alors que le 3ᵉ de zouaves, envoyé pour

être adjoint à l'armée piémontaise, et qui venait de s'établir au bivouac, reçut ordre de prendre les armes et se porta sur la droite, dans la direction des projectiles qui venaient sur nos colonnes, et par où l'ennemi supposait que nous pouvions être tournés. Je vous ai souvent parlé de la nature de ce terrain coupé de canaux, inondé souvent sur de larges surfaces préparées pour les rizières, et surtout très couverts d'arbres. Toutes ces dispositions fâcheuses pour nous se présentaient ici successivement. Elles avaient favorisé le mouvement d'approche de l'ennemi et allaient être un obstacle à celui de nos troupes. Aussi fallait-il suppléer par l'audace et l'entrain aux difficultés que le terrain nous offrait. Mais, la situation était entre des mains vigoureuses, et nous étions d'avance convaincus qu'elles tenteraient l'impossible.

« Dès que les zouaves, disposés en tirailleurs, furent aux prises avec les tirailleurs autrichiens, ils se précipitèrent sur eux, selon leur coutume. Mais un premier obstacle inattendu arrête leur élan. C'est un canal large et profond avec des berges raides, et qui était infranchissable. Le colonel fit alors exécuter à tout le régiment une marche de flanc sous un feu d'artillerie et de mousqueterie des plus vifs, jusqu'à un gué large et boueux, derrière lequel s'étalent des rizières

11

inondées et que domine un plateau escarpé de trois
à quatre mètres d'élévation, sur lequel l'ennemi
avait mis trois pièces d'artillerie en batterie.

« Le feu de ces pièces convergeait sur le gué.
Reculer n'était pas possible aux zouaves. Ils se
jetèrent donc résolument à l'eau et traversèrent les
rizières avec de la boue jusqu'à mi-jambes, et de
l'eau jusqu'à la ceinture, et, poussant un énergique
hurrah, ils se précipitèrent à la baïonnette jusqu'au
pied dé l'escarpement, qu'ils franchirent, ou plutôt
qu'ils prirent d'assaut, et enlevèrent les cinq
pièces sans tirer un coup de fusil. Ils se trouvaient
alors sur un grand champ labouré, où l'ennemi
avait massé ses forces, et ils continuèrent, au
milieu de sa déroute, leur course effrénée, ne se
servant que de leur arme de prédilection, pour ne
pas perdre de temps à charger leurs fusils.

« L'extrémité du champ est bordée d'un rideau
de broussailles élevées qui masque le cours de la
rivière dont les berges, de quinze à vingt mètres
d'élévation, sont taillées à pic et boisées. C'est
vers ce précipice que nos vaillants soldats pous-
sèrent les masses autrichiennes qui se jetaient à
l'eau pour échapper à la baïonnette.

« Un millier de ces malheureux trouvèrent la
mort dans cette rivière. Les plus prudents dépo-
sèrent les armes et se constituèrent prisonniers.

« C'était le premier acte de ce grand drame militaire. Un autre non moins terrible allait se passer à quelques pas.

« Au pied de l'escarpement que les zouaves enlevèrent après avoir traversé la rivière, se trouve une route qui, de Palestro, conduit à un pont jeté sur cette rivière. Une grande ferme existe près du pont ; elle avait été barricadée, crénelée, mise enfin en état de faire une longue défense, et deux pièces d'artillerie étaient en batterie sur le pont même et enfilaient la route.

« La pensée des Autrichiens était évidemment que nous arrivions par la route même, et qu'ils feraient ainsi de nous un affreux carnage. Mais, je vous ai dit comment les zouaves avaient escaladé la berge et poussé les Autrichiens jusque dans la rivière.

« En se portant à droite, ils prenaient ainsi en flanc les deux pièces du pont sur lesquelles ils se rabattirent, et, masqués par les broussailles qui couvrent les berges de la rivière, ils débouchèrent à trente mètres du pont, et percèrent de leurs baïonnettes les canonniers sur leurs pièces.

« Restait à faire l'attaque de la ferme : ce ne fut pas long. En quelques minutes la porte volait en éclats, quelques pans de murs bas étaient escaladés, et les défenseurs tués ou faits prisonniers.

« J'avoue mon impuissance à vous communiquer mes impressions ; toutes ces choses se sentent et ne peuvent se dire ; il faut avoir vu pour comprendre tout ce qu'il y a d'héroïsme dans le bouillant courage de ces braves gens qui ne se laissent intimider par aucun obstacle, et qui marchent gaiement à la mitraille ! Ce sont des élans sublimes que ni la description ni la peinture ne peuvent rendre, et je déchirerais volontiers ma lettre, que je trouve parfaitement insignifiante, si je ne sentais que j'ai mis dans ce bref récit toute la vérité des mouvements. Je laisse donc à votre imagination le soin de vous représenter tout ce qu'elle trouvera de plus sublime et de plus électrisant pour caractériser la conduite de notre 3ᵉ zouaves.

« La division Cialdini, qui opérait à notre gauche, a aussi été admirable ; l'armée piémontaise à l'œuvre dépasse toutes les idées que l'on s'en fait. Les bersaglieri ont combattu avec les zouaves, auxquels ils se mêlaient, et la fraternité est aujourd'hui établie entre les deux armées par les liens les plus indissolubles : ceux des dangers supportés en commun et des succès acquis ensemble.

... « Huit pièces de canon, des caissons et une prodigieuse quantité d'armes, mille prisonniers, sont le résultat du combat de Palestro, que l'on peut considérer comme un des plus brillants faits d'armes que les annales militaires aient enregistrés. Les zouaves ont perdu environ trois cents hommes et les Piémontais autant ; les pertes de l'ennemi sont bien plus considérables. »

XX.

Le passage du Tessin et les turcos à Turbigo.

(3 juin 1859.)

Quatre jours après le combat de Palestro, l'armée française traversa le Tessin à peu de distance de Novare, sans autre incident qu'un nouveau combat à Turbigo, dans lequel les turcos, à leur tour, se signalèrent par leur héroïque impétuosité.

« Hier matin, à onze heures, écrivait-on de Novare le lendemain 4 juin, l'empereur montait en voiture et allait à Trecate, gros bourg à une lieue et demie de Novare. C'est là qu'est réunie depuis vingt-quatre heures la garde impériale. A Trecate, l'empereur monta à cheval et se dirigea vers le Tessin, pour assister au passage des troupes, qui traversent le fleuve sur trois ponts, entre Turbigo et Magenta. Vers trois heures, on entendait très distinctement de Novare le bruit du canon dans la direction de Turbigo, une petite ville située au-delà du Tessin.

« Je montai sur la plate-forme du dôme, et, à l'aide d'une lorgnette, je vis en effet la fumée qui s'élevait par bouffées derrière un petit bois. Je pus distinguer, en deçà du Tessin, un camp occupé par nos troupes et même les grand'gardes. Pendant trois heures, le canon ne cessa de retentir.

« Le soir, on apprenait qu'un nouveau combat très brillant pour nos armes avait eu lieu, en effet, à Turbigo. L'ennemi s'était avancé en assez grand nombre pour inquiéter notre armée, la harceler et lui disputer le passage. Il avait deux batteries, c'est-à-dire seize pièces de canon. On lui répondit d'abord de notre côté par quelques volées d'artillerie, puis, après une canonnade d'une heure au plus, on lança les turcos. Ceux-ci n'avaient point encore donné depuis le commencement de la campagne, et, s'il faut dire toute la vérité, le beau fait d'armes des zouaves au combat de Palestro avait un peu troublé leur sommeil.

« Je ne sais si les turcos avaient oublié leurs cartouches, ou si, comme ils l'avaient dit en partant de Gênes, ils les avaient jetées dans un torrent pour ne pas traîner un poids inutile, mais ils se précipitèrent vers les canons sans tirer un coup de fusil. Un officier qui assistait à cette affaire m'a raconté que jamais encore il n'avait été témoin d'un spectacle aussi extraordinaire.

Au signal du clairon, les turcos, s'éparpillant dans toutes les directions, se couchant à plat ventre et s'avançant par bonds gigantesques, ressemblaient plutôt à des tigres qu'à des hommes. Chàque fois qu'ils se relevaient pour bondir en avant, ils poussaient un cri aigu qui dominait la voix de l'artillerie. C'était effrayant. Ils étaient à peine à la moitié du trajet qu'ils avaient à parcourir, qu'une batterie ennemie, voyant s'avancer sous la pluie de la mitraille ces grands diables noirs, détala, au grand galop des chevaux, après avoir craché sa dernière bordée.

« Les turcos, furieux de voir une partie de leur proie leur échàpper, redoublèrent d'ardeur et tombèrent comme la foudre sur les canons restés en ligne. Ils clouèrent les canonniers sur leurs pièces, massacrèrent tous les hommes à la portée de leurs baïonnettes, et revinrent avec sept canons qu'ils avaient pris au pas de course. L'empereur assistait à ce fait d'armes, qui fait le pendant de celui de Palestro. Chose étrange ! Les turcos n'ont eu qu'un petit nombre de blessés et une dizaine de tués. Voilà les turcos tranquilles désormais : les lauriers des zouaves ne les empêcheront plus de dormir.... »

XXI.

Le zouave Blaise Daurière à Magenta.

(4 juin 1859.)

A la bataille de Magenta, le lendemain du combat de Turbigo où s'illustrèrent les turcos, un zouave du 2ᵉ régiment enleva, on le sait, un drapeau à l'ennemi. Ce zouave, qui s'appelait Blaise Daurière, était originaire de Rochefort-Montagne, dans le département du Puy-de-Dôme. Voici la façon dont lui-même, dans une lettre datée du 19 juin 1859, racontait à sa sœur son action d'éclat :

« Aujourd'hui dimanche que j'ai le temps, je m'empresse de t'écrire pour t'apprendre une heureuse nouvelle. Je te dirai, ma chère sœur, que le 4, après deux heures de marche, nous avons rencontré les Autrichiens en avant du village de Magenta, dans une briqueterie. Nous nous sommes emparés de la briqueterie ; mais quelques minutes après, ils nous ont cernés de trois côtés, et se sont emparés d'une pièce de canon. Le capitaine à qui appartenait la pièce est accouru dire au général Espinasse que les Autrichiens lui prenaient une pièce. Le général a commandé les zouaves à la baïonnette. Nous nous sommes précipités sur les Autrichiens, nous avons pris la pièce, puis, j'ai aperçu le drapeau autrichien qui flottait dans les rangs de l'ennemi, et, malgré les balles et la mitraille, je me suis précipité sur le drapeau en me faisant un passage avec ma baïonnette. Je me suis emparé du drapeau, je suis allé le porter aux pieds de mon général, qui m'a complimenté sur ma bravoure. Nous nous sommes ensuite emparés du village à la baïonnette et avons culbuté l'armée autrichienne, forte de cent vingt mille hommes.

« Aujourd'hui, nous avons passé la revue du maréchal de Mac-Mahon. Il a décoré notre drapeau en l'honneur que j'en avais pris un aux Autrichiens, et, devant tout le régiment, le maréchal m'a décoré, au nom de l'empereur, de la croix de chevalier de la Légion d'honneur ; il m'a embrassé en me donnant la croix. »

Bataille de Magenta.

Une autre lettre va nous donner des détails plus complets sur la décoration de ce drapeau du 2ᵉ zouaves :

« Notre drapeau, y est-il dit, a été décoré de la croix de chevalier de la Légion d'honneur. A midi, le régiment était en grande tenue, sous les armes ; les officiers généraux s'y trouvaient ; le maréchal de Mac-Mahon, duc de Magenta, vint avec son escorte, nous fit former le carré face en dedans, fit avancer le drapeau au milieu et nous dit :

« Soldats du 2ᵉ régiment de zouaves,

« L'empereur, voulant conserver les habitudes
« de l'ancien empire, a décrété que les drapeaux
« des régiments qui feraient une action d'éclat
« seraient décorés de l'ordre de la Légion d'hon-
« neur. Zouaves, vous méritez tous une récom-
« pense, car tous vous vous êtes montrés dignes
« du nom de Français ; vous vous êtes avancés
« sur l'ennemi sans hésiter ; vos pères qui vous
« contemplent sont fiers de vous. L'honneur de la
« bataille de Magenta vous revient.
« Le drapeau du 2ᵉ zouaves est le premier de
« l'armée d'Italie qui sera décoré. Je suis heureux
« que ce soit dans le 2ᵉ corps d'armée que je
« commande, qu'un tel honneur soit rendu, et je

« suis fier que ce soit vous, soldats du 2ᵉ ᴅᴇ
« zouaves, dont la réputation ne s'est démentie ni
« en Crimée, ni en Afrique, ni à Magenta, qui
« ayez mérité cet honneur. Mais ce n'est point
« encore assez, zouaves, il faut que votre drapeau
« porte la croix d'officier de la Légion d'honneur. »

« Alors, s'avançant vers le drapeau, il dit :

« Aigle du 2ᵉ régiment de zouaves, sois fière
« de tes soldats ; au nom de l'empereur, et d'après
« les pouvoirs qui me sont dévolus, je te donne
« la croix de chevalier de la Légion d'honneur. »

« S'avançant de nouveau, il décora notre
drapeau aux cris de « Vive l'empereur ! » Il voulut
parler de nouveau, mais l'émotion l'en empêchait.
Puis, faisant approcher les soldats qui méritaient
des récompenses, il donna cinq croix et vingt-
et-une médailles militaires. »

FIN.

TABLE

—

FIN DE LA TABLE.